休練習曲

rement Exercise

著

迎接
第二次黃金青春
的人生提案

〔目錄〕

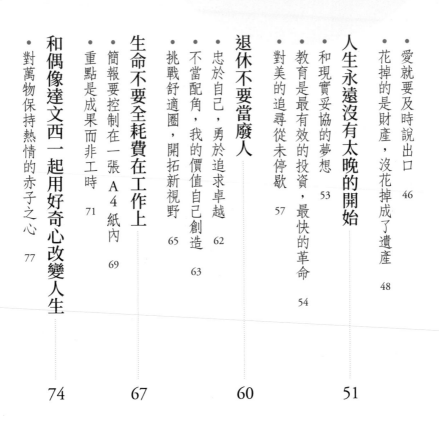

PART 2

我的興趣練習曲

〔目錄〕

PART 3

生命的寬度由你決定

〔目錄〕

【推薦序】

一帖面對「退休症候群」的良方

李伯璋

嘉裕西服前總經理江育誠先生撰寫《退休練習曲》的書稿，因為健保署的角色是提供國人優質健康照護，希望我能寫推薦序。我趁著公餘之暇，一一瀏覽目錄到內文，發現通篇文筆如行雲流水，再者我也進入退休之齡，作者的許多人生哲理，於我內心有共鳴，特別是他提醒大家應早做退休規畫，值得每個人學習。

根據內政部最新統計，民國一〇七年國人的平均壽命已達八十·七歲，其中男性七十七·五歲，女性八十四歲，換言之，如果是在六十五歲退休，未來仍有一、二十年的銀髮歲月，尤其是當年的戰後嬰兒潮，到如今則轉為退休潮，如何不與社會脫節，又能保持人際互動，打造樂齡與樂活的人生，便是每個人必須面對的課題。

如同作者所引述的一項調查報告，五十歲以上的臺灣民眾，有近四成尚未開始規畫退休生活，這是值得重視的問題。或許有人會說，未來的變數很多，有什麼好規畫的？何況退休後可以過著自由自在的日子，許多年輕人多羨慕啊！但實際上，如果欠缺退休規畫，驟然脫離職場，生活失去重心，生命也會漸漸失去活力，自然容易出現所謂「退休症候群」，甚至憂鬱症上身。

根據健保署統計，民國九十六年至一〇六年之間，國人使用抗憂鬱劑的人數，從九十二萬六千人增加到一百廿七萬人，年平均成長率達百分之三．八，其中以年滿五十六歲以上年齡層用藥比率普遍高於五十五歲以下族群。由此顯示，在步入黃金人生之前，如何能在職場生活與退休生活不出現斷層，開拓出快樂的退休生活，便是值得學習的功課。

作者江育誠先生如今已成為退休專家，他以本身退休前後的心情轉變，有系統地整理出退休練習黃金法則，包括五大練習面向：興趣、健康、時間規畫、理財與家庭，並以本身在退休後選擇繪畫、古董鐘錶修復與昆蟲攝影三種興趣，讓人讀來興味盎然。

「退休之前，我們靠『職業』維生；退休之後，必須靠『興趣』維生」，就是出自作者的體悟。

今年開春以來，健保署有四位重要的主管退休，我跟他們開玩笑說，「以後再也聽不到我的嘮叨了！」至於我自己也有退休規畫，未來卸下公職後，我打算前往澎湖行醫，選個面海的房子，一邊照顧離島居民的健康，一邊則可在閒暇時出海釣魚與寫作，周末假日則返台與家人團聚，並和好友打球，如此既能在餘生把所學貢獻出來，又能兼顧親情與休閒娛樂。您是不是也做好退休準備了呢？

（本文作者為衛生福利部中央健康保險署署長、成大醫學院外科教授）

【推薦序】

退休不是人生的下半場

褚士瑩

我每次聽到「退休是人生下半場」的說法，總覺得不舒服，但說不出來為什麼。直到最近我看了《退休練習曲》，作者是嘉裕西服前總經理江育誠，他分享自己透過有計畫的培養興趣和嗜好，在攝影、繪畫、鐘錶修復等興趣的養成中，重拾對人生的熱情，開拓出退休人生的巔峰，擺脫退休就是含飴弄孫、安享天年的傳統想像，活出比上班還要精彩充實的退休人生，我突然知道讓我不舒服的原因了：人生的階段，本來就不應該硬生生用「工作」來區分，真正決定我們人生的，是「態度」才對。

很多人退休之後只是沒事找事，無論是運動、養生，還是學習、當志工，似乎假裝自己只是換了跑道，做另一份沒有薪水的工作，但這樣的退休人士多半不快樂，因為他們仍然在期待社會賦予他們生命價值，而不是追求自己真正想做的事，看見自己生命的價值。

我人生目前為止的大多時間都在海外生活，也因此看到許多身邊的同事、朋友，做了對於強調一輩子勤奮工作的華人來說，不可思議的「激進」行為：在很年輕的時候，就永久離開職場，在很年輕的時候就開始了華人心目中的退休生活。

比如我的泰國同事 Kiaw，就回老家去種有機蔬果，比利時的 Pascal 離開公務員生活去當旅行攝影師，波士頓的 Joe 去養蜂自己採蜂蜜，臺灣的朋友 Jonathan 則毅然決然去讀了法國設計學院，就像江育誠一樣，他們都有一個共同的選擇，那就是在人生的某一個時間點，決定放棄「人是為了工作而活」的傳統價值觀，選擇了「人只是為了活而工作」的態度。

如果不用靠傳統朝九晚五的工作型態活下來，人生的選擇突然就海闊天空了，而退休只是其中一種選項而已。

達賴喇嘛在與著名的巴西自由派神學家李奧納多．波夫（Leonardo Boff）的對話中說得好：

觀照你的思想，因為它會變成語言。

觀照你的語言，因為它會變成行為。

觀照你的行為，因為它會變成習慣。

觀照你的習慣，因為它會形成你的個性。

觀照你的個性，因為它會成為你的命運，

而你的命運就是你的人生。

在我意識到傳統的全職工作型態，只是一種生活方式的選擇以後，我也決定觀照自己從裡到外的思想、語言、行為、習慣、個性，然後改變自己對待生涯發展的態度，雖然我做的選擇不是退休，而是成為在國際 NGO 組織顧問領域的獨立工作者，無非也是一種「退休練習」，而且打算只要活著的一天，就要繼續這樣做下去，永遠不退休，但本質一樣，就是學會看見自己生命的價值。

江育誠代表臺灣傳統產業的男性，重新看待「退休」的意義，我們其他人，無論自己的年紀、性別、專業，也沒有理由不容許用自己的方式練習退休，當新冠病毒讓全世界大多數上班族都不得不待在家在家時，彷彿正是「我的人生」這部還沒有在院線上映的預告片，「退休」在這部電影的情節，是勵志喜劇的開始，還是劇情急轉直下走向悲劇，我們在觀照後，心中也應該多少有了答案。

到底「我的人生」這部電影殺青以後，會是一部精采可期的必看佳片，還是雷聲大雨點小的世紀大爛片，我們應該帶著我們的身體與心靈，觀照我們真正想要的，是按照原本的人生規畫，還是選擇改變？如果現在改變主意，重新拍過也還不太遲，畢竟說到最後，我們自己，不但是籌拍電影的出資者，執人生導演筒的那個人，也是唯一的忠實觀眾。

而我只想專心拍一部好片，給自己看。

（本文作者為公益旅行家）

【推薦序】

準備退休者最好的禮物

梁永煌

能夠催生這本書，是非常難得的機緣。

二〇一七年底《今周刊》數位拍一支影音，主角就是育誠兄。看了短片之後，我覺得故事太精彩了，立即請編輯部製作雜誌封面。

次年的三月，育誠兄分享的「退休練習曲」封面故事出刊，獲得許多迴響。我印象最深刻的是，和眾達律師事務所喝春酒時，一位律師告訴我，這個封面故事對他啟發很大，讓他認清退休準備的重要。

去年六月基富通和《今周刊》合辦「好享退」理財博覽會，邀請育誠兄分享寶貴心得，贏得滿堂彩。我遂鼓勵他寫書，讓更多人能受益。

其實，育誠兄面對退休的態度和做法，可以說「於我心有戚戚焉」。

面對臺灣高齡化浪潮，今周刊一向關心退休課題。早在二〇一四年底推出的「快樂的第二人生」，也曾捲起一陣旋風。如今不只第二人生讓人琅琅上口，連「第三人生」也逐漸成為關鍵字。

隨著國人壽命延長，如何安排下半輩子，是每個人都必須要修練的生命課題。

一個朋友常說，面對退休安排，一定要有一種警覺，那就是我們都只有一次機會。你在七十歲的時候可能會說，早知道就學江育誠，早一點規畫，著手準備；無奈已經回不了頭，徒留懊惱。

既然只有一次不容錯過的機會，「以他人為師」就成為重要的圭臬，從認識的或不認識的前輩身上，我們一定可以學到警惕、找到榜樣。

說到懊惱、煩憂，我常問朋友：臺灣憂鬱症患者中，什麼年齡層的人最多？

健保署統計資料顯示，二〇一八年六十五歲以上高齡人口服用抗憂鬱劑比率達十二%，換言之，十個長者就有一位。請務必注意，這是依健保用藥資料庫統計的數字，若考量未就醫服藥的情形，比例勢必更高。

高齡人口為什麼會有憂鬱症？退休相關問題，想必是非常關鍵的因素之一。當然，退休的層面包括健康、家人、財富、生活安排等，這些點點滴滴都要「練習」，及早規畫。

我的好朋友，資誠會計師事務所前所長明玲兄在「好享退」的演講中也建議，在牆上貼一大張白報紙，只要想到什麼退休後要做的事，就寫上去，到寫滿那一天，就表示你已充分準備，可以退休了，而且你的退休生活絕不會是無趣的一紙空白。

育誠兄的紙不只寫滿，而且色彩繽紛。他的畫畫、攝影，古董鐘錶收藏、維修等，對我來說都是新鮮事。每個人選擇的興趣或許不同，但育誠兄勇於練習、嘗試的態度，卻是每一個人都要有的。

我們每個人身邊都有長輩、朋友將在一年、三年，或五年、甚或十年後退休，你覺得他們準備好了嗎？如果他們準備好了，太值得恭喜了；如果你認為他們尚未準備好，請送他一本《退休練習曲》，這將是最好的禮物，若是生日或母親節、父親節禮物，就更有意義了。

（本文作者為《今周刊》社長）

【推薦序】

願你的人生因興趣閃閃發亮

嚴陳莉蓮

認識江哥是在跟凱泰結婚前，至今已經超過三十年，他興趣廣泛，修鐘、收藏古董、繪畫及昆蟲攝影都在他的涉獵範圍內，是個有濃厚藝術家氣息的同事及朋友，除了工作之外，也經常聽他分享爬山、拍攝昆蟲及初進畫室時種種的新鮮事。

江哥在工作上充滿熱情，有許多公務的稱謂，凱泰稱他江公，他同時也是嘉裕總經理、吳舜文新聞基金會秘書長、裕隆籃球隊領隊，雖然在集團身兼多職，在忙碌的工作中，他仍空出時間一圓年輕時的繪畫夢想。退休後更全心投入藝術領域，為了推廣美學，甚至當起老師，免費開班教授素描。看著他對人生的追求，我常想與其當個有錢人，我更希望自己成為有意義的人。

在接手裕隆集團之初，我也曾想過要安穩當個清心的貴婦，還是要肩負起企業的責任接受挑戰，一旦選擇承擔，勢必會犧牲許多生活上的悠閒，要如何取得生活與工作的平衡，就變得很重要。

企業家也許沒有退休可言，但生命卻天天上演，如何偷閒充實興趣，成為工作上的調劑與動力，讓生命展現更大的寬度，是一件不容忽視的功課。

平日，我喜歡研究食譜、星座、旅遊、欣賞音樂、唱歌及練習籃球，這些興趣都是我工作之餘的平衡，我也經常親自下廚做菜和同事分享，其樂無窮。這和江哥不藏私的和朋友分享各種生活樂趣的喜悅一樣，是人生中最美好的事。

江哥喜歡爬山、拍攝昆蟲，也是我高爾夫球的啟蒙老師，我們都重視生活上的豐足，印象中盡是他鏡頭下的昆蟲生態，我曾好奇問他拍攝昆蟲交尾的初衷，在大自然中要如何尋找昆蟲、如何捱過漫長的等待，也好奇他心中最精彩畫面。

這麼多照片中，最讓我驚豔的是他鏡頭下的豆娘交尾，竟然呈現出心型的動人畫面，聽他娓娓道來的雄性豆娘如何護衛雌蟲不再跟其他雄蟲交尾的獨占行為，真是聲色並茂。

成語中「蜻蜓點水」用以形容做事敷衍不夠認真，但在江哥的生態眼裡，那可是蜻蜓產卵延續下一代生命的重要過程。許多昆蟲生態，在他的描述下變得新奇有趣。

在人生眾多頭銜中，江哥說所有的頭銜他最喜歡的是繪畫老師，在與學員的互動中，他的退休人生變得更有意義、生活更有滋味。

我希望他的《退休練習曲》可以激勵更多已退休或想退休而不敢退休的人，勇敢尋求兒時的夢想，不要被年齡束縛，在人生的第二個階段，可以綻放新的生命高潮。

（本文作者為裕隆集團執行長）

【前言】

退休要提早規畫

退休第一天開始，每個人的反應都不同，有些人開香檳慶祝人生重開機，迫不及待地擁抱新生活；有些人頓時失去生活重心，像洩了氣的皮球，委靡不振，後者就是沒有提早準備退休規畫，一旦退休，才發現職場生活與退休生活完全斷裂，無法銜接。

我接受《今周刊》的專訪，分享退休要更精彩，得到讀者熱烈的回應，發現大部分人對於退休應該如何展開新生活，仍是一片空白。

有一份調查報告證實這項發現，五十歲以上的臺灣民眾，有將近四成的人尚未開始規畫退休生活。

一開始，對於退休規畫，我也是懵懵懂懂，尚未有任何確切的想法。當時，有一位同事剛退休，離開了你爭我奪的職場，卻時不時還會回到公司裡找同事聊天，但是因為那時候我還有職務在身，也沒辦法好好招待對方，看著他明明已經脫離職場，拿到了邁入新人生的門票，卻還沒有找到屬於自己的新天地，我既為他感到有些可惜，也藉此警惕自己，退休一定要好好規畫，展開新生活。

報章媒體形容我們這一代是戰後嬰兒潮，現在嬰兒潮漸漸轉為退休潮，然而很多人都沒有做好準備，對於退休，缺乏想像力，以前對於退休只有貧乏簡單的「含飴弄孫」，這想法早已不合時宜，另一方面，因為醫療衛生的進步，平均壽命大幅延長到八十歲，假設六十五歲退休，將迎來最精彩的黃金十年，退休要如何樂活，是需要準備與學習的。

退休後，每五人就有一人憂鬱症

我身邊就有很多面臨退休、卻仍然毫無規畫準備的人，雖然退休了，卻未能銜接下一階段的人生，尤其是男性，退休症候群最為嚴重。

我的二嫂就常常跟我抱怨說：「你哥哥應該要學學你，不然他天天在家，無所事事。」

另一位許久不見的朋友，我問他說：「你退休了沒？」

他回答：「我不敢退休。」

我接著問：「那你太太呢？」

他幽默的回道：「我更怕她退休。」他害怕的是退休後，夫妻倆在家裡百無聊賴，只能大眼瞪小眼。

這位朋友的擔憂是很有遠見的，因為退休之後，夫婦兩人相看兩相厭的情況時不時會上演，我在社區裡開設的繪畫班中就有一對夫婦，兩人感情很好，也都已經退休，太太三不五時會做點裁縫手工藝，可以打發閒暇，但是老公還在尋覓自己的興趣與愛好，所以太太也會建議他：「你跟江總多學學！」在一些摸索後，如今他已發揮長才，投入社區服務，做得有聲有色。

日本比我們更早步入老年化社會，他們發現一個現象，許多男人從職場上退下來，沒了工作、頭銜，生活頓時失去重心，若又沒有提早規畫退休新生活，一不小心就會淪為被妻子嫌棄的「大型垃圾」。

臺灣的統計資料也發現，不少老年憂鬱症個案皆是在退休後發生，退休生活如果欠缺規畫，任由生命空轉，不但家庭關係出現緊張，生命也會漸漸失去活力，自然容易憂鬱上身！

退休那天，我把同事電話都刪了

退休後，面臨的第一道關卡就是人際關係的改變，為什麼男性比女性更難適應退休生活，很容易自我封閉在家，原因之一就是人際關係的改變。

前面提過的退休同事為什麼頻頻回公司找同事聊天，理由很簡單，因為大部分人的人際關係都是在職場建立的，一旦退休，同事可能還在職，彼此的生活軌道不再平行，很難再像以往一樣互動密切。

以打高爾夫球為例，退休前打球大都出自商務上的需求，一邊談論公事，一邊聯繫感情，大家的作息時間也一致，要約隨時都能約，像是：「禮拜三沒有會議，我們去打高爾夫球吧？早上早點去，九點回來上班剛剛好！」

但退休以後，你還好意思約人家一起打球嗎？如果人家說有事，拒絕一次、兩次以後就不好意思再問了，彼此的生活型態已經完全不同。

又或者，以前我每次出國回來，都會跟同事分享旅遊照片，其實我很清楚他們願意和我分享，是因為我是主管，也因為我們是同事，彼此之間還有共同語言。等你退休以後，誰還會想看你的照片和炫耀文？因此，退休當天，我就把所有的電話刪掉，將過去的人際關係一刀剪斷，以避免關說的合作請託電話，連老闆都聯絡不上。

我非常幸運，因為周遭環境讓我警醒，早早就意識到退休意味著你的生活環境、人際關係全都變了，和上班時是完全不同的兩個世界，一定要早做準備。因此，在五十歲知天命的時候，我開始打造退休生活。

退休的第一天，我就開心地背著準備已久的畫具，出門參加繪畫同好的戶外寫生團，從工作到退休，完全無縫接軌。因為提早準備退休生活的同時，也提早展開新的朋友圈，雖然拋開了過去的人際關係，退休新生活一點也不孤單。

退休之前，我們靠「職業」維生，退休之後，必須靠「興趣」維生。

我因為對於繪畫的熱情，結識許多優秀又志同道合的好夥伴，他們無私的協助我成長、進步，這些都是最珍貴的禮物。如此一來，即使退休後的生活環境和人際關係都改變了，也不會失去重心。

拿掉頭銜，這次真正為自己而活

退休第二道關卡就在於身分的轉換，在職場上，你可能呼風喚雨、風光十足，退休後，再也沒人對你前簇後擁、唯命是從，再也沒人可以供你使喚，有些人會覺得很失落，一個本來事業有成，在舞臺上虎虎生風的人，突然之間沒有了舞臺，頓時失去了生命重心，落寞之感油然而生。其中，又以男性占多數，甚至漸漸開始抑鬱起來，覺得自己什麼都不是，越來越不想出門，感染上所謂的「退休症候群」。

退休後，卸下頭銜、卸下光環後，只剩下赤裸裸的自己，沒有頭銜的你，到底是誰？這個問題，我很早就已經開始思考，記得有一次與老闆產生爭執，當下我驚覺自己所有的頭銜都是老闆賦予的，一旦退休或離職，一切就會歸零。退休後，我告訴自己，我就是自己的老闆。

退休，必須先徹底歸零，然後才能重新開機。

退休是完完全全做自己，進度、責任等等，什麼都不用，我高興今天不刷牙，那又怎麼樣；鬍子不刮，那又怎麼樣。

有一次我鬍子沒刮就去登山，結果前老闆嚴凱泰突然打電話來：「你等一下能不能過來？」

我說：「可能會遲到。」

他問：「為什麼？」

我說：「要回去先刮鬍子。」

他笑著回答：「就直接過來，又不是沒看過你邋遢的樣子。」

退休後，再也沒有長官可以指揮你，從此不用再看主管的臉色，我就是自己的老闆。沒有人能夠考核你，可以做自己想做的事，不必受團隊牽絆，創造出來的美好成果，也是自己獨享。這是人的一生中，真正可以為自己而活，自己的靈魂自己作主的關鍵時刻。

在職場工作時，你都可以為老闆而鞠躬盡瘁，退休後，為什麼不能為自己而盡情揮灑？

退休後，我靠「興趣」維生

的確，興趣不僅讓我結交到知己好友，更讓我的生命充滿熱度與光彩。

醫生是救命天使，而我則是鍾情於賦予穿越百年時空的古董鐘錶新的生命，家裡的各個角落經常此起彼落地傳來「滴答、滴答」或「噹、噹、噹」的清脆聲響，每次看到見證歲月滄桑的珍貴鐘錶重新復活，那種興奮喜悅之情千金難換！從中所獲得的快樂與心靈上的富足，也是我在工作中從未有過的。

談到退休，大部分人都知道要提早準備退休金，卻完全忽略退休生活的規畫才更是關鍵。退休後是非常自由的，但同時也會出現一大片空白要由自己來填補，若沒有先行計畫、準備，很容易陷入明明擁有大把時間，卻不知道該做什麼的空虛窘境。

如果沒有提早為退休生活預想與規畫，所謂的退休生活就是無所事事的安享天年，大部分的人都沒有意識到自己想要一個什麼樣的退休生活，我不認為沒有預先排演的退休練習曲可以譜出一首首美妙的樂章。

也有些人會心存不切實際的幻想，要等到退休再來圓夢，或是從事某項興趣，卻忽略了體力與腦力的限制。興趣和運動一樣，都必須提早培養。

以爬山為例，年輕時就擁有爬山的愛好，要延續到退休後，往往輕而易舉、障礙門檻不高，但是如果是等到退休後，才開始第一次接觸爬山，難度與挑戰肯定會大幅提高，更可惜的是，此時樂趣與滿足感也就會相對降低。

如果我沒有從年輕時期就培養修鐘的興趣，等到退休才開始學習研究古董鐘錶的知識與結構，恐怕心有餘而力不足，能夠修好的鐘錶類型就會減少許多，因為學習力或專注力都大幅受限。

我在五十歲那年展開退休大計畫時，報名了臺灣師大教育推廣中心的繪畫課程，準備拜師學藝。當坐在教室那刻，望著身旁一張張年輕的臉孔，我有些尷尬，全是年紀小我很多的老師及同學，他們的表情更是驚訝，大家都很好奇我這位「資深同學」學畫的目的。

如今每次我去演講分享退休要提早準備的觀念，許多上班族聽眾的第一個反應就是沒時間。如果別人告訴我沒時間提早做退休規畫，我常常開玩笑回說：「我身兼四份正職、三份兼職都做得到，任何人只要工作沒我多，應該都做得到。」

事實上，當我決定重拾畫筆，上繪畫課後，就幾乎全勤，長達十年不曾間斷，沒有一堂課缺席。我做得到，相信大家也可以。我為了退休這一天，已經準備、醞釀好久，我的嶄新黃金人生就要起飛，不只是青春不要留白，退休更要馳騁風采！

PART 1

退休更精彩，不是靠退休金

妹妹的願望清單

分享「退休要提早準備」的觀念後，我陸續接到許多演講邀約。對於這些邀訪，我從不拒絕，盡量排出時間。對我而言，推廣退休要更精彩是一種福音，一場演講即使只有一個人能夠聽進去，並做出一點點改變，我都深感欣慰。因為我心中有個最大的遺憾，那就是我妹妹。

妹妹只小我三歲，因為年齡相仿，小時候常常玩在一起，家裡兄弟姊妹中，就屬我和她最親。我為了規畫退休，在八里買了房子，打算當作畫室，妹妹也跟著在同棟的樓下買了一間房子，計畫著退休之後，彼此可以有更多時間相處，共同規畫退休後的生活。

妹婿和妹妹是一對很出色的企業家，妹妹更是典型的工作狂、女強人，白手起家的她，自創家電品牌「愛美神」，業績亮眼。她正好是我的反面教材，生命中除了工作還是工作，任何事情都要等到退休後，對於夢想的實現、興趣的培養，都一延再延。

對我而言，這個想法既可憐又可怕。我雖然屢屢向她洗腦，退休要趁早規畫的觀念，但是繁忙的工作與事必躬親的個性，讓她遲遲無法下定決心斷捨離。

原來不是什麼都能等以後

有一天，她突然打電話給我：「哥，我去臺大看醫生，那個醫生好可惡，他明明沒檢查，也沒有證據，怎麼可以亂說我得了癌症！」好強的她完全無法接受這個突如其來的噩耗，用抗拒代替害怕。

當下我立刻聯絡熟識的醫生，安排更詳細的檢查，報告出來後，醫生把我拉到一旁說：「只剩半年時間。」妹妹罹患的是「無聲的殺手」胰臟癌第三期，那年，她才五十八歲，正是快可以功成身退、享受退休生活的時候。

妹妹罹癌，對全家打擊都很大，對我而言，更是青天霹靂。事後回想，許多事情都是早有徵兆的，只因為忙碌、大意而疏忽，母親與我同住，孝順的妹妹不時會來探望，帶著媽媽出去逛逛，晚上再回來。

那段期間，她有時候會跟我說：「哥，我常常肚子痛，都找不出原因。」當下，我竟然完全沒有任何警覺，以為只是一時的勞累、腸胃不適，沒有多想，更沒有採取任何行動，如今，再多懊悔都無法表達我對她的愧疚與不捨。

匆匆完成的夢想，像是快餐

妹妹是個樂觀積極的人，即使得了最可怕的癌症，她並沒有怨天尤人，依舊選擇積極面對，要戰勝病魔。我鼓勵她卸下一切重擔，為自己而活，這次她聽進去了，暫停公司所有事務，並開始寫下自己的願望清單。

願望清單裡第一項就是妹妹生平最愛的旅遊，諷刺的是，她真正出國旅遊的次數寥寥可數。平常因為工作繁忙，責任心重的她事必躬親，放不下也走不開，但是面對突然被畫下的休止符，妹妹終於感受到生命的無常，生怕再不踏出第一步就永遠沒機會了，因而慌亂地安排旅行計畫，匆忙地動身出發。

為了珍惜和家人相處的時光，妹妹決定帶著全家老小一起出遊，習慣照顧人的她又得張羅一切細節，根本無法真正徹底的放鬆，更無法細細去體會各地的景致與歷史文化，旅遊的品質大打折扣。

每到一個景點，妹妹就會寫信給我，看著她趕進度般地完成自己的願望清單，好像在吃速食一樣，囫圇吞棗而食不知味，她這一生的願望清單就這樣草草地結束，身為哥哥的我，心疼與不捨，難以言喻。

愛就要及時說出口

遺憾的不只是草草結束的願望清單，還有來不及表達的愛。

妹妹過世後，每次我去她的塔位上香悼念時，就會看到一束鮮花。

管理員問我說：「她老公每天來，夫妻感情這麼好，到底是怎樣培養的？」

我回答：「正好相反，是因為生前沒有好好培養。」

妹妹過世後，妹婿幾乎天天到她的靈前悼念，我猜想他是帶著愛與遺憾的心情，因為生前各自都忙於工作，對身邊的親人，難免偶有輕忽，未能好好珍惜，一旦失去，才知道一切都為時已晚。

我跟太太說：「愛要及時，遺憾有什麼意義？只是永遠的痛。」

失去至親的悲痛，讓人難以承受，連平常冷靜理性的妹婿都如此哀傷，更何況親生母親。我母親最疼愛的孩子就是妹妹，白髮人送黑髮人的打擊，我實在不敢想像。因此，對母親，我選擇隱瞞妹妹過世這件事，我也叫所有兄弟姐妹、孫子輩們，都不能告訴她這個噩耗。

為此，我編了一個謊言：「妹妹去日本教唱歌了。」

母親說：「那給我買機票，我要去日本看她。」

我只好繼續安撫：「你身體不好，怎麼去日本。」

為了取信母親，讓她放心，所以三不五時，我還會準備一些日本的禮物，謊稱是妹妹從日本買來孝敬她的，讓她開心。

向母親隱瞞妹妹過世，這是一個很殘忍的謊言，我也不知道這樣做對或不對，面對至親骨肉的天人兩隔，我只知道連我自己都承受不住，更何況是母親。

花掉的是財產，沒花掉成了遺產

妹妹的驟逝，留下許多遺憾，她心中百般不捨的年邁老母親，還有她過世沒幾天，就呱呱墜地的小孫女。妹妹是優秀又能幹的女中豪傑，處處替人著想，不但照顧全家老小，還一肩扛起經濟重擔，辛苦大半輩子，賺得不少財富，卻捨不得花，最後想花也花不到了，正好驗證了一句俗語：「花掉的才是財富，不然就是一堆冰冷的數字。」

妹妹留下許多來不及實現的願望與遺憾，深深震撼了我往後的人生態度，為了妹妹，我告訴自己要活得更樂觀與充實。人生無常或許是老生常談，但是，卻是血淋淋的事實。

前裕隆集團的董事長嚴凱泰，也是我的前老闆，曾開玩笑地跟我說：「如果你離開的時候，我一定會來上香，因為你年紀比我大很多，所以就不是詛咒。」

我怎麼都無法預料到，如此優秀傑出的企業家竟然會因為癌症而英年早逝。人生的無常與生命起落都是一門功課，越早修讀這門功課，遺憾或許就會少一點。我不禁想起《徒然草》裡的一段話：「人皆有死，然尚未及待，已襲掩而至，宛如淺灘相隔千里，潮水瞬間已掩至腳邊砂石，是故，人當恨死愛生。存命之喜，焉能不日日況味之。」

我遇到不少人像妹妹一樣，專心投入工作、家庭，忙碌的生活，許多人雖然嚮往退休美好生活，但是永遠只停留在嚮往，而沒有進一步行動。為了讓妹妹和嚴先生的遺憾不再重複發生，我現在唯一可以做的就是四處去傳播福音，分享退休要提早規畫，生命要及時，愛更要及時。

人生永遠沒有太晚的開始

有一天，我前老闆司機的兒子在臉書上寫道：「我的父親、我的乾爹，還有我的小舅子，相繼都走了，轉眼間我也快過了半百之年，但是我還是不知道我的人生到底要做什麼。」

他的乾爹錢一飛是我的好友，他太太是我的部屬，我覺得我有責任要鼓勵他，我跟他說：「你何不靜下心來，好好想一下，從兒時到現在，你曾經有過哪些夢想，然後不管有多難，你就去嘗試就去做。」

我跟他分享唐吉軻德的精神，無論敵人有多強大，不管夢想有多困難，就算粉身碎骨，我也要勇往直前。

這句話不僅是在鼓舞他，也是在勉勵我自己。我一直覺得我的人生有一個角落是缺憾的，就是小時候未完成的夢想——繪畫，我告訴自己退休後，一定要去實現這個夢想！

孔子說：「五十而知天命」，五十歲那一年，我決定要重拾兒時夢想，到臺灣師大教育推廣中心學畫。我還記得站在臺師大校門口的那天，這輩子第一次離自己的夢想這麼近，我不禁激動地掉下眼淚，心裡想，這麼容易的事，為什麼會拖到現在才踏出這一步？當時的心緒洶湧，我發現自己對畫畫的熱情絲毫不減！

和現實妥協的夢想

早熟的我，從小就知道在現實面前，夢想只能低頭。

小時候，輔仁大學在嘉義的分支輔仁中學是我的第一志願，想讀輔仁中學是因為我喜歡文學跟藝術，輔仁中學有文組，如果去念的話，我就有機會學畫畫，榜單公布，我如願考上了，但是我卻一點都沒有金榜題名的喜悅，因為家裡經濟捉襟見肘，繳不出學費，幼小的心靈清楚知道我必須向現實妥協，最後我選擇了技職學校嘉義高工，學習一技之長，一方面讓父母安心，也確保以後工作無虞。

我阿公曾經是東門市場的老闆，但因為好賭，把偌大的家業一點一滴敗光，從此家道中落。父親則是年紀輕輕就被日軍徵調到新幾內亞參與太平洋戰爭，成為大時代歷史轉輪下的犧牲品，人生最精華的時光都浪費在不知為何而戰的沙場上。

教育是最有效的投資，最快的革命

小時候家裡窮到連學費都籌不出來，往往早上要註冊還湊不出錢，等父母親四處奔走、彎腰屈膝，好不容易才向親戚借到一點錢，此時同學都已經註冊完了，我總是最後一個才註冊，自己覺得很難堪，現在回想，貧窮一點都不可恥，但那時候年紀小，內心沒這麼強大。

從小我就體悟到一個殘酷的真理，貧窮是會被別人看不起的，有些事情如今回想起來仍會鼻酸想哭。小學放學後，老師都會幫學生補習，收的錢雖然不多，但是我的補習費卻常常要拖欠大半年才能繳齊。

老師為了鼓勵同學念書，設立了一個最佳進步獎給分數進步最多的學生，獎品是一盒彩色筆，最愛畫畫的我，自然拚了命要考好，考試成績公布，我如願成為進步最多的學生，但是當時老師卻突然改口說：「我們這次改變辦法，因為有人故意上次考差，然後這次進步多一點。」

或許是因為我沒繳補習費，老師懷疑我人品不好、作弊。從那刻開始，我就體悟到人生竟然是如此現實，也讓我下定決心要改善家境，不再因為貧窮而被瞧不起。

當時年紀雖小，我卻已經懵懵懂懂的知道，唯有透過教育才有翻身機會，記得我還童言童語的跟父親說：「你放心，我會讓我們家族重新再爬起來，只要我努力念書。」家裡共有五個小孩，四個男生，我排行第四，下面還有一個妹妹，大哥最聰明，可惜大哥不愛念書，連初中都沒畢業。

有一次家裡來客人，我已經上床但還沒睡著，聽到我父親跟朋友說：「阿誠這個囝仔，以後一定了不起，因為我四個小孩裡面，他最愛念書，也不知道讀有還是讀嘸（臺語）。」

為了幫助家計，我放棄畫畫的夢想，順從父親的期望去念嘉義高工，學一技之長。

我還記得父親跟我說：「你好好把高工念好，以後一定會有工作，可以去遠東機械的工廠上班。」那是專門幫車床加工零件的工廠，也就是俗稱的黑手，我當下沒有任何反駁，只在心裡暗想，那不是我的目標。

嘉義高工之後，我繼續就讀臺北工專，在機械專業上奠定更扎實的基礎，機械跟繪畫好像是兩條平行線，但是冥冥之中命運還是安排了交會點。

畢業後第一份工作是在大同公司，剛開始實習時，公司發現我的繪圖能力特別突出，就請我負責設計大同電視等電子零件的結構、外觀，當時電腦尚未普及，所有設計圖稿都要徒手繪製，也不知道是不是童年未竟夢想的補償心理，我畫設計圖時總是特別開心，即使只是簡單的鍵盤外殼等物件設計圖，我都會細心考慮人的視線跟光線是在哪個方向，並在背光面的地方畫出陰影，讓物體看起來更生動與立體。

對美的追尋從未停歇

夢想這件事很奇妙，小時候的想望，若未能實現，會在人生每個階段留下線索，希望你能夠沿著足跡，找回心中最初的桃花源。

從我的收藏也可以明顯看出，一路走來，我對於藝術與美有著莫名的憧憬與追尋。一般人收藏勳章，為了保值很忌諱將鏽蝕氧化的部分加以處理，然而我收藏勳章的起心動念純為美學，因此我都大膽清理，這樣我才能夠細細欣賞女神裙紗翩躚的輕靈、浮雕人物輪廓的線條流轉，以及空間虛虛實實交錯的精妙絕倫，勳章迷人之處在於方寸之間卻蘊含大天地。

在嘉裕西服時，我同時擔任針織公會青年領袖營的營長，許多會員是即將承接家業的第二代，我和其他營長完全不同，我從不和他們談論企業管理或是紡織技術，請來的講者也不是企業家，擔任營長的十五年期間，我一直在傳遞關於美學的力量，因此我邀請的專家是像蔣勳等的美學評論家，我認為無論是企業管理或是個人生命，都應該以美學為基底，才能提升人生的深度與廣袤。

我在裕隆擔任總經理室主任時，當時三義廠的張廠長一有開會常常坐在我旁邊，他眼神流露出異樣光芒地說：「畫畫很快樂，我在汐止有一個自己的畫室，連吳董事長都跟我要畫。」在前董事長吳舜文的辦公室裡有一幅金黃色的楓樹，就是張總的作品。此後開會我們倆就常常窸窸窣窣，聽他分享他的畫畫經驗，讓我心嚮往之。

遺憾的是，夢想雖然無邊，但人生卻有涯。突然有一天，他坐公司的車下班，回到家司機說：「可以下車了。」卻沒有得到回應，回頭才發現他已經驟然離世，因為心肌梗塞，才五十多歲。

這對我是非常大的震撼，他已經開始實現夢想，只可惜上帝太早召喚，而那時我的夢想連序曲都還沒開始。

退休不要當廢人

退休可以是人生最精彩的一段樂章——只要你願意提早準備。但是，能提早預想退休生活的人少之又少，許多人還停留在過時的觀念，以為退休就是享福、含飴弄孫，更無需規畫練習。因此，許多人的退休生活毫無意外地變成一片蒼白，徒然浪費了最精華的人生黃金十年。

在職場上，我並不是最出色的一位，裕隆集團光是高階主管就有約二、三十位，人才濟濟，個個都是出類拔萃的優秀經理人，大家還不忘時時精進自己，參加ＥＭＢＡ課程等，大部分在職場上虎虎生風的成功人士，往往到了退休前一天，依舊將所有的時間精力都放在工作上，卻忽略了下一階段的黃金人生。

如果沒有提早為退休生活預想與規畫，結果可想而知，最後退休生活就是無所事事的安享天年，大部分的人都沒有意識到自己想要一個什麼樣的退休生活。

爬玉山前，你得先從陽明山等小山開始練爬，上臺演講前，你也會提早準備講稿，反覆誦讀。為什麼唯獨退休不必預先規畫與練習？

我很驚訝的發現，環視周遭，我是唯一一個認真在準備退休生活的人。

忠於自己，勇於追求卓越

如果要回溯根源，大概是因為我從來就不是那種輕易接受安逸生活的人，我總是選擇追求挑戰與考驗，大膽跳出舒適圈，這個特質來自於大學時期受到卡繆存在主義的影響，我深深相信人要忠於自己的靈魂，勇於追求卓越，自己的靈魂自己作主，不容他人來評斷。

在人生重要的轉折關卡，我認為每一次的選擇都要忠於自己，無論是退休後的第二人生，或是退休前的職場生涯，「忠於自己」這個信念，可說是貫穿我一生的主旋律。

畢業後，我的第一份工作是在大同擔任機械工程師，因為工作認真，入職才兩年很快就被升為副理，大部分人應該都會很滿意這樣的成績，但是我卻毅然決然放棄優渥舒適的職位，選擇一切歸零，從頭開始。

我辭掉副理一職，跑到裕隆集團剛成立的汽車工程中心，從最基層的助理工程師開始做起，很多人無法理解我的選擇，當時家裡還有年邁雙親與妻小嗷嗷待哺，壓力不可謂不大。

一切從頭開始，但是我相信憑著努力與實力，不怕沒有展現自我的機會。

不當配角，我的價值自己創造

我的專長是機械，當時的大同電子研究處，剛從電視開始轉入電腦，以生產電子零件為主，我只能夠參與周邊的結構、外觀設計、負責包裝而已，無法真正參與產品的核心設計，永遠只能當配角。

此時剛好裕隆成立汽車工程中心，號召海內外機械工程精英加入，目的是要打造出第一臺由臺灣設計跟製造的國產車，也就是後來大家耳熟能詳的「裕隆飛羚」，如此千載難逢的機會，我告訴自己絕對不能錯過。

當時裕隆的工程中心共有三百多位工程師，人才濟濟，清一色都是來自臺清交最優秀的碩博士高材生，只有我一個人是以專科生的身分被錄取，並且去沒多久，就拿到年度最優秀工程師的殊榮。

我很幸運地被委以重任，主要負責設計汽車最複雜的部件儀表板，我還記得完成後總經理扛著儀表板向吳前董事長說：「儀表板最複雜的零件都已經做出來，飛羚已經成功了一半。」

治軍嚴謹、人稱「鐵娘子」的吳前董事長當下十分開心，我也是少數沒有被她摔過公文的經理人。

挑戰舒適圈，開拓新視野

進入工程中心，順當的工程師生活，應該無可挑剔，然而我又再度選擇脫離舒適圈，當時裕隆遇到一個重大危機，裕隆和國產正式分家，裕隆突然沒有了業務，得自己負責銷售，我的人生也遭遇大轉彎，從工程師變成賣車經理，也讓我有機會進一步提升自己的管理能力。

裕隆後來推動「廠辦合一」這個組織改造的人工程，將總部從臺北移往苗栗三義，當時身為總經理辦公室主任的我，責無旁貸。廠辦集中是個艱難任務，身段與手段都必須非常靈活，才能安撫反彈聲浪。

我記得有一次老闆娘莉蓮看到我在嚼檳榔，露出驚訝表情。

我說：「沒什麼，待會要去工會開會。」

工會工人都習慣吃檳榔，為了跟他們博感情、獲取認同，我願意做任何嘗試。唯有做到勞資雙贏，才能成功凝聚向心力，因此推出「每個員工宿舍都有單獨電話」「臺北交通車永久服務到無人使用為止」等配套措施，讓廠辦集中得以順利推行。

一次又一次地跳出舒適圈，接受新的挑戰，成為我生命中唯一的主旋律。

「忠於自己」本身就可以拓展生命的寬度與深度，我常常鼓勵年輕人勇於追求卓越，年輕時候的我，還沒有買房子前，就花了半棟房子的錢買了一套最好的音響，理由很簡單，因為那會讓自己的生命更豐富。

經營興趣也是如此，原本我的退休規畫是成為一名高爾夫球教練，最初我也是一竅不通、從零開始，但是因為熱愛，就會讓自己越打越好。退休後的第二人生可以更精彩，只要勇於大膽追求。

生命不要全耗費在工作上

我一直鼓勵大家退休要提早做準備，最常遇到的一個反應就是沒時間，大部分上班族因為工作與家庭兩頭燒，對於興趣的經營常常心有餘而力不足。許多人很好奇，我怎麼會有多餘時間又畫畫又修鐘，還有時間幫昆蟲攝影。

退休前，我曾經同時身兼四份工作，嘉裕西服總經理、臺文針織副總、吳舜文新聞獎助基金會祕書長以及裕隆籃球隊協理，這種身兼多職的情形長達數十年。

其中，裕隆職業籃球隊的領隊工作甚至讓我幾乎周休零日，因為每個周末我都要帶隊到各縣市參加比賽。另外，我還有紡織公會理事等三個頭銜，加起來總共七份工作，我希望藉此鼓勵讀者，如果我做得到，相信大家也可以。

為了兼顧工作與熱愛的興趣，讓我更重視效率與方法。以開會為例，這可說是每位上班族的日常，記得我擔任總經理室主任時，每次開經營會議的各部門報告，都得由總經理室統整後印出來，每一個部門送來的報告都是厚厚一本，至少四十頁起跳，大家都以為報告越厚代表工作越認真，有更多在老闆面前表現的機會，卻沒考慮到效率問題，因此會議常常開到三更半夜，甚至得挑燈夜戰。

簡報要控制在一張A4紙內

我的觀念卻是只要超過二十分鐘以上的會議，就是沒效率，另一個討厭冗長會議的人，就是我的前老闆嚴凱泰先生，他比我更痛恨沒效率這件事，任何報告只要三句話都還沒講到重點，他就會開始不耐煩。

當時我是裕隆最年輕的經理人，不到四十歲，天不怕地不怕的我，立刻請祕書發一份公文：「即日起，各部門的會議報告一律只印前二頁，資料若有疏漏，請自行負責。」

可想而知引來不少「你算老幾啊？」的反彈聲音，我依舊強硬堅持立場：「一份簡報如果連一張A4紙都無法表達，那也不值得報告了。」從此以後，四十頁的報告就此絕跡，終結馬拉松式的冗長會議。

每次開會時，前十分鐘我就可以知道整場會議的結論會是如何，同事常覺得奇怪：「怎麼有辦法那麼快就知道結論？」

我的祕訣就是永遠只抓重點，要快速抓到重點，則必須有強大的邏輯歸納能力。我的邏輯歸納能力並非與生俱來，記得當兵時有一位同僚罵我說：「你邏輯很差。」那時候我還是個呆頭呆腦的高中生，連「邏輯」二字都不知道，但現在的我卻完全是靠邏輯而活。

我的邏輯能力突然開竅，是在就讀臺北工專時期，我記得有兩門學科機構學與應用力學，共有九百題的理論計算題，沒有同學會真的去把那九百題搞懂，但是我卻跟瘋子一樣，把每一題都拆解得滾瓜爛熟，我會在腦海裡思考，為什麼是這樣、為什麼不是那樣，透過這種方式逐漸鍛鍊邏輯能力。

重點是成果而非工時

在四十幾歲時，我也曾經跟大部分上班族一樣，身上工作越做越多，喜歡挑戰的我，越困難的工作我越喜歡，我發現每個問題就像一隻猴子背在身上，每天回家，都有三四十隻猴子跟著我回家，弄得自己常常三更半夜睡不著覺，那一刻我突然警醒地告訴自己，不能再背著猴子回家。因此我花了兩年時間，訓練自己如何把猴子都分配出去，徹底執行「分層負責、充分授權」。

此外，我深信八〇／二〇法則，最重要的事情只占百分之二十，因此不必浪費時間在不重要的事情上面。我擔任嘉裕西服總經理時，永遠只抓重點與結果，剩下的就是充分授權。我永遠不會去管員工幾點下班，加班從來不會列入我的考核標準，因此員工都很喜歡我。

我從不問：「還加班啊？」

我總是說：「怎麼還不走啊？」

退休前，我學畫的雙橋畫室離嘉裕西服很近，每當六點一到，我總是第一個下班，並不是因為要趕去上繪畫課，而是因為以前當下屬時主管沒走，我也不好意思先走，自己當總經理以後，就不想讓部屬為難。其實六點下班，畫室根本還沒開門，我常得站在畫室門口等上快一個小時。

我知道臺灣大部分的企業都很習慣加班，但我剛好是例外的那一個，幸運的是，我的老闆觀念跟我一樣，只要事情做好就好，你不來也沒關係。他打電話給我，如果我還在家裡，他都不會說：「你還沒上班？」這是我們的管理與做事風格，我們只在乎重點。

我深深覺得人絕不應該淪為只是工作的機器，因此我常鼓勵外派到大陸的員工一定要發展一兩種興趣，也要求公司一定要給他們最好的電視與房間設備，無論工作或是興趣都是為了豐富生命而存在，如果生命窮到只剩下工作，對生命與工作而言都是雙輸。

步入知天命之年後，我給自己的最大禮物，就是重新拾起畫筆，繪畫對我而言，已經不僅僅是興趣，而是一個關於美的夢想，我要留下關於美的紀錄在人世間，就像達文西留下最美麗的〈蒙娜麗莎〉。

和偶像達文西一起用好奇心改變人生

吳舜文前董事長以及與我相知較深的人曾說，我的最大特質就是對事情永遠抱持好奇與赤子之心。在我看來，退休生活也同樣需要好奇與熱愛生命的赤子之心。就像繪畫，除了讓我盡情創作之外，更重要的是了解藝術的語言，懂得如何欣賞一幅畫，如此一來，整個藝術史都是無盡的寶藏，等待我去挖掘，而這些都是無法用金錢換來的。

曾經有朋友的友人知道我左手修鐘、右手畫畫，又投入昆蟲攝影……因此將我與達文西相比擬，達文西是我的偶像，我深感榮耀之餘，也清楚如果達文西是一百分，我可能連○．一都不及，達文西對世界的貢獻，哪怕我只有他的萬分之一，都會讓我覺得此生無悔。

達文西除了對機械、昆蟲感興趣之外，他的藝術創作更是曠世經典，全世界最多人知曉的〈蒙娜麗莎〉就是出自達文西之手，他為了更生動描繪人體，還親手解剖許多屍體，深入研究皮膚下肌肉、骨骼的構造，留下大量解剖圖，他曾經解剖並比較老人和年輕人的屍體，發現老人的血管細又硬、血流量減少等，留下有關老衰屍體的首次解剖紀錄。

達文西這種不滿足於現況，想更進一步追求其究竟的態度，讓他不只在畫壇上成為巨擘，也將解剖學、生理學和醫學向前推進了一大步。

我沒有屍體可以解剖，就算有，我可能也沒那個膽量，可是我對人體結構有著同樣的興趣，為了肖像畫創作，我找來中醫十八銅人的人體模型，協助我研究骨骼肢體結構，甚至還請外甥幫忙設計軟體程式，讓我可以精準比對真實人體與自己的創作之間的差異。

達文西的一生幾乎都用來鑽研大自然與動植物，以及各式各樣機械發明的設計，許多他當時的奇想，如今都一一實現。

全世界能夠同時精通十多種專業學術領域的全能天才，只有達文西一人，我只能時時抬頭仰望巨人，但我很樂於成為有為者亦如是的追求者，追求的是達文西對世界永不停歇的熱情與好奇。

對萬物保持熱情的赤子之心

常常有讀者或朋友很好奇，為什麼我可以同時擁有這麼多不同的興趣，既拍攝昆蟲、又研究鐘錶、又繪畫……我的答案是，好奇心可以驅使你做很多事情。

以拍攝昆蟲為例，有一種昆蟲名叫「放屁蟲」，牠為了避免被其他昆蟲吃掉，會放出很臭的氣味來把敵人嚇走。我就很好奇，要如何才能證明，牠碰到危險的時候真的會放屁？牠是真的放屁嗎？我就開始研究用什麼方式可以把那瞬間記錄起來，要用什麼樣的設備可以拍到？

因為那瞬間快門是抓不到，無法同步，就在我百思不得其解時，沒想到六十多年前，就已經有人將這道謎題破解，我在網路上發現真的有人利用聲控與感光原理，給出完美解答。

我的工作很少帶給我快樂，可是興趣卻掌握了我人生所有的喜悅。最幸運的人，工作就正好是自己的興趣，但是大部分人工作都是為了生活與家庭，我一直認為，當工作達到一定目標，生命應該再往前跨越，探尋更多可能性。

我一直很喜歡一句話，「讀書，記得的會變成知識，記不得的會變成氣質。」

所以如果對一個領域有興趣，就去接觸看看，一定會有所收穫，就算看似一無所獲，也會變成你生命中無盡的養分。

來自後花園的人生解答

對於退休的準備規畫，報章雜誌常常把討論重心放在退休金的準備上，卻鮮少有人關心退休生活要如何才能過得更豐富充實。事實上，擁有精彩而富足的退休生活，並不需要花大錢。每當我徜徉在臺北後花園時，這個感受最深。

周末假日我一定會到大臺北郊區爬山、拍攝昆蟲，從中獲得的驚豔與驚喜，常常讓我忍不住納悶，臺北有這麼神奇美麗的後花園，為什麼有人會選擇去東區血拼，在那裡比物質、財富，然後鎩羽而歸，因為永遠有人比你有錢。而臺北的後花園永遠逛不完，陽明山、七星山、觀音山……每一處都有意想不到的驚喜等待你去挖寶、探索，不用花大錢，就可以擁有視野的擴增與身心靈的頂級享受。

爬了二、三十年的山，通常我會在清晨五點，天微微亮就出發，從家裡開車到近郊山區，途中就已經情不自禁的開啟快樂模式，到了目的地把車停好，步上山道，腦袋全然淨空，對我來說，爬山是身心靈淨化的過程，除了可以讓人保持健康活力外，在靈魂上也獲得解放與滿足。

爬山最大的樂趣，就是把多餘的煩惱，諸如辦公室裡的暗箭、中傷都留在山腳下，絕不帶上山。但也不是什麼都不想，我會只留一件事，把一個想解決的問題，在爬山的旅程中，當作腦筋急轉彎，一一想清楚。

因為我不是很聰明的人，一定要透過不斷抽絲剝繭，才能找到最好的答案。好處是在山上思考問題時，可以抽離遇到問題時的情緒，大自然的寬闊視野也會讓你對問題有全新的角度，常常很多困擾無解的問題，我都是在爬山時獲得撥雲見日。

那些人那些事就是最美的風景

周末去到山上，一逛就是一整天，我會自己準備特製的野餐盒，裡面必備豬頭皮，我喜歡中式餐食，適合冷食的中餐選項不多，豬頭皮是優選，山上因為溫度較低，豬頭皮越冷越Q，特別好吃，可以的話，再搭配一個鵝頭，其他就是當令新鮮水果。

食物背著，也不是想吃就吃，我會設定關卡，例如要拍到一組交配的昆蟲，才能享用，或許是因為闖關成功的激勵，此時的鵝頭吃起來就像大閘蟹的蟹膏一樣美味，雖然只是再普通不過的民間小吃，舌尖上的滿足絲毫不輸五星級大餐。

食物其實是山友之間彼此交流的重要密碼，大家都會備好各式各樣的美食相互分享，經驗老到的山友還會在山上烹煮大餐，菜肴豐盛得讓人垂涎。諸如麻油雞、香菇雞等等都不少見，看到別人烹煮美食，冒出陣陣香氣的時候，我常會故意上前湊熱鬧的問：「好香喔！煮什麼好料？」

山友們總是熱情又樂於分享，有時，我也會準備小酒，互相舉杯共飲，這種萍水相逢的純粹與真情，讓山上總是充滿笑聲與正能量。

我之所以會這麼熱愛爬山，山友之間質樸的互動其實也是原因，相熟的，不知道對方的姓名，也可以交淺言深，如果剛好每天有緣，停好車在停車場碰到面，那就一起登山。若是不相熟的，一次揮手就是緣起，錯身之後就是緣滅，但是也都還有再見的機會，再遇著幾次，或許就會談上話。

用餐時，大家互相分享茶水、午餐，舉目四望是大塊秀美，好像塵囂盡去，大家過的是與都市不同的另一種生活方式。

不少山友是退休人士。退休前，我非常羨慕嚮往他們的愜意生活，也受到熱情邀約，退休後和他們一起馳騁山林。

大自然就是最好的醫生

除了喜歡大自然與山友的真誠不做作，爬山也是為了健康。

我在五十多歲時檢查出癌症，不幸中的大幸是還好只是零期。當時醫生甚至懷疑我可能罹患愛滋病，因為我的食道已經潰爛到跟愛滋病的病狀相當接近。

我只好向醫生坦承：「我是喝酒喝出來的。」醫生不敢置信問：「你到底是怎麼喝的？」

我只能告訴醫生說：「不瞞你說，我沒有一天不喝，我不想喝，可是喝酒是我的工作。」

因為工作關係，我幾乎每天都必須喝酒應酬，喝到茫、喝到不省人事是家常便飯，喝得少一點時就是跟太太說：「我今天是開直升機回家（暈頭轉向）。」

喝多時，每天堅持等我回家幫我開門的母親常常一打開門，就看到我整個人趴倒在地，她總是又氣又心疼地勸我：「阿誠，母通擱按內飲啦。」

我因為常應酬小酌，身體警鈴大作，才開始下定決心減少應酬，在職場中也有和我一樣，因為工作有大量應酬需求的同事，不約而同在壯年之際相繼離世，往日一同在應酬場上的戰友紛紛先行一步，令人不勝唏嘘。

有時候我忍不住會想，如果他們當初能遠離這個穿腸毒藥，是否人生能有不一樣的結果？我沒有答案，唯一能夠確定的是，如果我仍然像過去一樣的喝法，我絕不可能像現在這樣四處寫生、爬山，享受愜意的退休人生。

我一直深信大自然是最好的醫生，如今已過耳順之年，身體還能維持一定的體能，得感謝大自然這個免費的醫生。其實我爬山也是為了鍛鍊心臟，因為父親是心肌梗塞過世，我的想法很簡單，爬山會加速心臟收縮，促進血液循環，也會增加新陳代謝，對心臟與身體的鍛鍊肯定有益處。

每次爬完山，身心靈的滿足，完全不是沉醉在酒國裡可以體會。有感於爬山對自己身體健康的明顯助益，我也試著推廣給我周遭的人，尤其以前老闆嚴凱泰是我遊說力度最大的，加上他又住陽明山，那麼好的後花園就在身邊。

有一次他真的被我說服，起心動念嘗試，結果那是他的第一次爬山，也是最後一次。或許如果當天能夠順利找到日本昭和天皇曾經休憩的那座涼亭，他會從此愛上爬山，或許他愛上爬山後，人生又會有不一樣的風景。

退休不用花大錢

曾經有位讀者看到《今周刊》的報導之後寫信給我，她說工作已經三十多年，也獲得一定的成績，做到高階主管，覺得自己的職場生涯已經到了一個轉捩點，她想要擁有不一樣的人生風景，非常希望能像我一樣，用興趣滋養生命，但是讓她遲遲無法下定決心的原因是，她不知道退休金的「安全數字」是多少。

這正是屬於想退休卻又不敢退的退休恐懼症的典型，我相信許多人也跟她一樣，最大的擔憂與焦慮，都來自於不知道應該準備多少的退休金才足夠。關於退休金的安全數字，許多報章雜誌都陸續提出各種版本，一個最常看到的版本是兩千萬，這個數字一直讓我不以為然，也嚇跑一堆想退休的上班族，我只能說它是萬無一失的數字，但事實上，打對折之後的數字或許更貼近真實人生。

關鍵十五分鐘

退休後，存款只出不進，是許多人對於退休金沒有安全感的原因之一，因此有些人期待能透過投資理財，獲得額外的收入，但是凡是投資必有風險，既期待又怕受傷害，是許多退休人士的共同心聲，如何不受傷的穩健投資是一門重要的功課。

退休前、退休後，對於風險的承受能力也截然不同，退休前，工作上的大小事情，我都會做好風險管控，唯獨投資這一項，在別人眼裡，我可能遺傳了阿公的賭徒性格，完全是孤注一擲，但事實上，我心裡還是有一把尺，畢竟依自己的能力，錢再賺就有，不怕沒飯吃。

前面提及我阿公把嘉義東門市場的所有攤位全部輸光，而我也曾經差一點一無所有。我一輩子都忘不了，那家公司的名字非常不吉利「訊碟」，迅速下跌，當時只要一念之差加上錯失關鍵十五分鐘，一夕之間，我的人生就會瞬間從彩色變成黑白。

我記得很清楚當時正好到深圳出差，從澳門進深圳的入關通道，路程只有短短十五分鐘，當時手機還沒那麼普及，我在通關途中，突然興起打電話的念頭，立刻找了公用電話亭打給我太太問：「訊碟現在多少錢？」

她講了一個數字，我心裡一驚：「你幫我查一下，這個價格是漲停。」

她說：「沒錯！是漲停啊。」

我立刻告訴她：「全部幫我賣掉，我不要了，太可怕了。」

我才一賣完，立刻一路跌停鎖死，從此再也沒有打開過，連續二十二根跌停板。只能說上天真的很眷顧我，前後只差了十五分鐘，我也可以通關完後再打那通死亡電話，前後只差十五分鐘，一邊是天堂，一邊是地獄。

越簡單越有效的投資法則

除了少數像訊碟一樣的黑天鵝事件外，大部分時候，我的投資都能維持正報酬，也讓我行有餘力可以維持古董鐘錶、藝術品等收藏嗜好。

我深信一個簡單的真理，越複雜的事情越要簡單化。因此，我的投資原則很簡單，一次只投資一檔股票，很少人像我這樣子，現在的人太聰明，擁有太多知識，每個人都是滿手股票，美其名分散風險。我不喜歡如此，背後的理由很簡單，因為我親自經營過好幾家公司，我深深了解，任何一個公司的好壞，不會是一夕之間，所以股價不可能也不應該在一夕之間有二〇%的起伏。此外，一定要選擇有賺錢的公司，千萬不能有撿便宜的投機心態，股價會跌跌不休一定是基本面出了大問題。

股票說穿了只有兩個字，就是人性，因此，我非常贊同巴菲特所說：「當所有的人都貪婪時，你要恐懼；當所有人都恐懼時，你就要貪婪。」這也是我的投資原則。

退休後，我的投資又變得更加簡單，只投資費用低、殖利率高、日成交量千張以上的ＥＴＦ，我借用我兒子的話來說明ＥＴＦ的優點，「我不厭其煩地推薦這種投資法，像個傳教士一樣，只要拉長時間，分批買進，虧損機率相對低，會是很好的啞巴兒子。」

ＥＴＦ是退休人士比較穩健的投資標的，哪怕是只賺了一個便當錢我都很高興。

目前，各券商推出的ＥＴＦ標的很多，最著名的元大臺灣五十ＥＴＦ（0050），元大高股息（0056），臺灣五十是臺股市值前五十大的公司所組成，元大高股息則是從臺灣總共一百五十檔中大型股票中，挑選出未來一年現金殖利率最高的三十檔股票作為成分股。

根據統計資料，元大高股息從二〇一三年到二〇一八年，平均殖利率是四．五一％，大約是銀行定存的四倍。

元大高股息平均大約四．五%的殖利率，也是我所認為退休金的安全數字。

也就是一千萬的退休金，每年如果有四．五%的獲利率，一年大約可以有四十五萬的收益，平均每月大約有三萬七千元。

甚至只要有七百萬的退休金，每個月就有大約三萬元可供花用，再加上每月二萬元的勞保老年年金，一個月平均約五萬元的花費，應該非常足夠過一個衣食無憂的退休生活，這還是完全沒有動到本金的情況下，若再加上以房養老等的財務措施，退休真的一點都不可怕。

PART 2

我的興趣練習曲

衍生性興趣的威力

近年來，我常四處演講，推廣「退休要提早練習」「興趣可以讓退休更精彩」，只見臺下聽眾頻頻點頭，但卻又一臉茫然，演講結束，許多人跑來問我，原來大家茫然的原因是：「不知道自己興趣是什麼。」這個大哉問，也是許多退休人士在安排退休生活時最大的困擾。

天生就知道自己的興趣為何的人不多，興趣並不會從天而降，可以透過最簡單的試誤，慢慢就會自然對焦，找尋興趣需要一段時間，因此要提早開始嘗試。

我雖然對繪畫心有所繫，但是一開始並不確定自己是否畫得來，難度會不會太高，我自己在家裡練習時遇到不少障礙，甚至連洗筆都不會，弄得整個家裡亂七八糟，後來才知道洗筆很簡單，應該要先把顏料搓掉再洗，就不會弄得整枝筆都是顏料。

我到師大拜師學藝，其實是想知道油畫的門檻到底有多高，當時我連素描都沒根基，就先去學油畫，目的就是為了了解自己是否可以掌握油畫的技巧。

興趣需要實習和演練

退休前，有些人因為忙於工作和家庭，而忽略了退休的安排與準備，也有人對於退休早早就有了憧憬，也做了規畫，但是卻因為缺少測試，憧憬很容易變調成一場幻影。

我有位朋友退休前，一直嚮往陶淵明般的鄉居生活，期望退休後當個農夫，享受以天地為家的田園樂，他也真按此夢想一步一步的實現，在苗栗鄉下買了一間農舍。退休後，他依著自己的夢想，搬到鄉下去，卻發現原本夢幻的農夫生活落實成日常，是永遠除不盡的雜草，與揮之不去的蚊蟲，於是退休美夢變噩夢，最後只好踉蹌逃回都市。

無論是興趣或是夢想，都必須經過不斷嘗試與測試，眾裡尋它千百度，最終才能在燈火闌珊處相遇，必須要提早開始練習，才能找對興趣，提前熱身、試水溫，是到美好退休人生的入場券。

興趣讓世界無限延伸

找尋興趣時，不要怕自己興趣太小、太枯燥，任何興趣都像股票有衍生性的商品，不用怕你選擇的興趣太枯燥無味，一定會有衍生性的嗜好讓你不斷去探索、擴展，譬如說喜歡喝茶，也可以就此像枝椏一樣不斷延伸出去，從各種茶葉的種類、種植的條件、品茗的方式、茶壺和茶杯的製造和鑑賞……擴大成整個產業的理解。

像我拍攝昆蟲，最初只是為了健康才養成假日就往山裡跑的習慣，但是自從將爬山與攝影兩個興趣相結合後，反而讓攝影這個興趣開展出另一番風景，微觀昆蟲世界更增添我爬山的樂趣，不只如此，枝椏延伸出去後還開出異色的小花。我試著自己養蟲、撿拾蟬的遺蛻、毛毛蟲的口器，再到顯微鏡觀察，你永遠不會知道走進一個興趣的世界後，可以走多遠。

我常覺得興趣就像水一樣，上善若水、無孔不入，興趣起了頭，就會自然地滲透至生命裡各個縫隙。

我修鐘一直有個瓶頸，有時候斷裂的地方需要接骨，我還得大費周章畫設計圖，思考可以用什麼樣的材質來銜接，但若我有金工焊接技術，這問題可以輕鬆迎刃而解，修鐘功力也將大幅提升。

因此，當機緣出現時，我立刻報名了金工課程，結果課程不只有焊接，還有銀戒製作，我做了兩個極簡風的戒指，內圈刻上我跟我太太兩個人的名字，我太太看到後比拿到鑽戒還開心，她說：「這個用錢也買不到。」

對我而言，興趣也是一種修行。

對上班族而言，經營興趣需要額外的心力與時間，與工作似乎有所扞格，閒暇之餘，大家只想休息或是從事一些紓壓的活動。

臉書上有許多網友，會去學靜坐、禪修，卻發現要讓心靜下來難度頗高。我從未學過靜坐，每次在修鐘和畫畫時，卻常常進入靜心、忘我的狀態，即使今天股票賠了大錢，我只要進到畫室，拿起畫筆，瞬間就進入物我兩忘的境界，外在世界的紛紛擾擾，全然無礙於心。

直到助教說教室門要關了，我這才回過神來：「怎麼這麼快就要下課？」

修鐘也是如此，每次修鐘，所有雜念皆被排除於外，我彷彿掉入時光隧道，自己變身成數百年前歐洲某個古老小鎮的鐘錶工匠。對我而言，興趣也是一種心靈淨化的修練過程，日積月累幻化成個人的涵養，我也因此練就一身即使風動、幡動，心卻不動如山的定力。

共享讓興趣更有溫度

興趣要像水一樣漫溢，更不能只是獨善其身，為了分享我繪畫的喜悅，我在八里開設了免費的社區繪畫課，希望能播下美的種子，為了鼓勵大家參與，其實也害怕都沒人報名，我還特別註明，只要願意來上課，畫具、畫紙、畫板都是免費提供，甚至連鉛筆也會幫你削好。

我的繪畫課熱熱鬧鬧登場，甚至許多遠在臺北的讀者看到報導也寫信給我，希望能夠參加。社區繪畫課以素描為主，每個禮拜我還會穿插介紹藝術史與具代表性的畫家，我認為藝術可以涵養生命，比起繪畫的技法，這才是學畫最快樂的一環。

繪畫班有同學計畫到歐洲自助旅行，我問他們打算去哪些地方，他們毫不猶豫地說：「當然是看美術館啊。」

另一位是打算用我畫的肖像畫當作遺照的楊先生，原本對繪畫就有著莫名的憧憬，因為社區繪畫課，開啟他潛藏的熱情，他也是最認真的學生。中秋節假期，他哪兒都不去，待在家裡只想畫畫，並且希望我能提供批評建議，我們第二期繪畫課的海報就是由他操刀。

社區繪畫課就在鄰居的情義相挺下持續四年多，中間雖然因為我照顧媽媽中斷了一年，在大家的熱情呼喚下又重新開張。

我常常以畫會友，有了興趣，更容易結識同道中人。我們四處寫生總會偶遇其他畫友，有一次也是在寫生，突然有人靠過來說：「嗯，有水平喔。」

我打趣回應：「可以說這種話，也很有水平喔。」

這才認識志同道合的好友郭建疆[1]，後來更開展出北美寫生追楓的美好情誼。

我一直欽慕法國印象派畫家莫內、雷諾瓦、馬奈、竇加和塞尚等人，他們在藝術創作的道路上，相互激盪、彼此砥礪，最終共同開創出璀璨傳奇的印象畫派。

我喜歡大家為了藝術一起創作的氛圍，自己也會不定期邀請畫友到我家寫生。淡水八里的家，從幾片大窗可以眺望淡水河，小船停泊在水岸邊，景色尤為靜謐，畫架排開，畫友們各自專心投入於創作，直到七點多，天色全暗，才停筆休息，大家開始天南地北的開懷暢談。

有一次，我和郭建疆兩人聊到晚上一點多，我送他回烏來住處，

1 天津美術學院畢業。中國美術家協會會員、中國舞台美術家協會會員。專攻油畫，多次參展中國及世界華人油畫大賽，並多次獲獎。

等到我返回八里已經半夜三點，一抵家門立刻又接到他的電話：「江育誠，我躺在床上越想越不對，剛剛那張畫上面的船，麻煩你幫我刮掉。」

我說：「為何要特地刮掉？」

他說：「你刮掉，我下次去時再補上。」

掛上電話，我掙扎猶豫了三十幾分鐘，到底要不要刮？最後我還是老老實實把它刮掉，為了尊重創作者對於藝術的執著，現在這張畫的空白處還默默地等待著大畫家來完成最後的樂章。

興趣就像湖心，泛起的漣漪一圈又一圈的往外擴散，社區繪畫課把我個人的興趣變成群體愛好，漸漸形成一同在興趣中持續向前的動力。

一個人確實可以獨自品茗、讀書、繪畫，但是就像鑽石只有一個剖面，再亮的光也平淡無奇，只有將各色的人事納入，變成稜鏡和切角，才能夠折射出華彩。

【繪畫篇】

我要當大師

一個偶然的機緣，電視上正在播出冉茂芹[2]老師正示範手繪一幅「執壺的少女」的油畫教學節目，我看到後覺得精彩絕倫，拍掌叫絕，立刻拜入冉老師門下。

進畫室的第一天，老師就問我為什麼這個年紀還會想來學繪畫，我當時真的就像臺語說的「瞎子不怕子彈」，和冉老師直說：「請不要把我當成一般的學生，我不是來打發時間的，我想成為大師。」

一開始大家可能把它當作一句玩笑話，甚或覺得我像唐吉軻德一樣顛狂。但可能是我的持之以恆，即使尚未退休，身兼四份工作的我卻很少缺課，讓冉老師和同學逐漸改觀，開始覺得我是認真的。

「我想成為大師」這句話，恐怕嚇到不少人，老師和同學們肯定擔心，都五、六十歲了才開始學畫，甚至立志要成為大師，野心實在不小，但困阻也大，光憑一人之力還真有登天之難。

但從另一角度來看，也對大家激發了鼓舞作用，覺得我這般如唐吉軻德的執著傻勁，明知前方顛躓難行，卻仍無所畏懼，勇闖陌境，這天地任我行的雄心壯志，也燃起同學們熱切助人之心，莫不伸出一臂之力，相挺完成我的偉大夢想。

2 冉茂芹為寫實畫家，在臺北主持雙橋畫室，擅長肖像、人體、風景和靜物油畫。長久以來堅持以寫生為重的作畫方式，無論風景、靜物油畫都呈現非常新鮮、生動的色彩面貌，深獲敬重。

一開始大家還有點客氣害羞，不知如何幫起，只見我一人在畫室裡四處穿梭，觀摩同學的作品，偶爾給點建議，更多時候是請別人給我建議。漸漸地，大家你來我往，熱絡起來，給我的批評也就越來越多。

一萬個小時的圓夢計畫

對我而言，批評就是最好的鼓勵，是我在前往大師的道路上最重要的養分補給。千里之行始於足下，我的繪畫夢想再如何偉大，也要從一磚一瓦的基本功開始磨練。為了鼓舞更多人勇於追尋自己的夢想，也讓更多人了解如何去經營一項興趣，我有一個祕密計畫，就是從第一個小時蹣跚學畫開始，我將一點一滴的記錄下從零開始的全部心路歷程。

所以我保存所有的學畫筆記與習作，裡面可以看到第一百個小時的自畫像，可見當時我手拙筆鈍的窘樣；第八百五十小時，努力從各種角度，一再地重複練習石膏寫生；第一千三百二十小時，才正式進入冉老師的雙橋畫室學畫，藉由法國大文豪伏爾泰的石膏畫像，勉勵自己許下「成為大師」的艱難夢想。

雙橋畫室有分初階班和高階班，初階班是畫石膏像，高階班則以真實的人體為模特兒。但一張石膏像的素描，初來乍到的新人也得磨上三個月到半年，非修練到盡善盡美絕無法升級。

我蹲在小角落練習石膏素描的期間，身旁的同學來來去去，都撐不了多久，記得有一位同學和我搭話：「我也是做紡織的，你是嘉裕西服總經理？我老公認識你。」但沒幾天卻不見了蹤影，我也不以為意，繼續蹲在小椅子上苦練我的石膏像。

總共花了一年多，才從初階班畢業，因我知道地基沒扎深打穩的高樓，隨時一震就垮。記得曾有同學想開快車進入到人體素描，便向老師提出要求，老師也概然同意，但我卻親眼看他擺上了畫紙，過了一小時，一筆也沒下，根本不知要從哪裡開始。

進入到高階班的人體素描之後，我發現又是另一座高山。人體素描比起石膏像更加複雜，除了需要具備熟稔的素描工夫之外，更須精確掌握到人體的骨骼結構與肌肉走向。我開始執筆畫人體時，臉部、身體常常都是黑黑的一團，看不出輪廓和肌理。

當時一位助教一針見血指出我的盲點：「我們人體有黑白灰，你的人體畫起來很像被家暴，全身被打到黑青，這邊黑一塊、那邊黑一塊。」

2

1

4

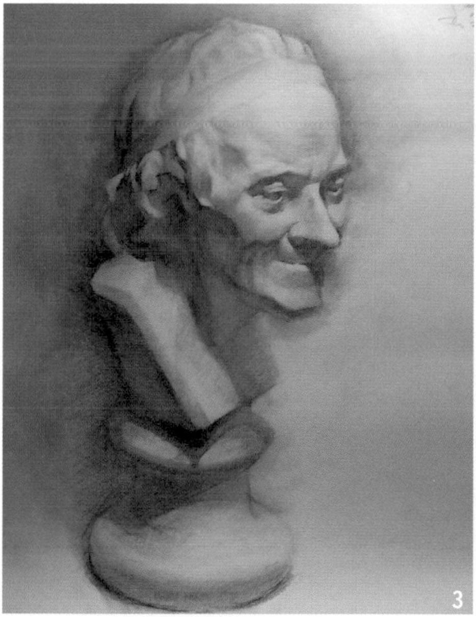

1. 第一百個小時，自畫像。｜ 2. 第八百五十小時，各種石膏寫生。
3. 第一千三百二十小時，法國大文豪伏爾泰的石膏畫像。
4. 第九千二百小時，桃園三坑。｜ 5. 二〇一七年，於東北角寫生。

一幅生動的人體素描，需要精準掌握人體的比例、動態、骨骼、肌肉的表現，因此我在學畫的過程中，為了克服對人體結構掌握度不足的問題，特地情商外甥幫忙設計一款程式。

我和他說：「舅舅現在進行大量的速寫，很難快速的比對出人體素描的結構哪裡有問題，你能不能設計一個軟體可以立刻比對出結果？」

他果然成功設計出一款人體素描軟體，只要輸入畫作照片，馬上可以比對出眼睛是否太高，鼻子比例是否正確等。但我只用了半年，就不再需要依賴電腦，因為我的眼睛已經練到比電腦還精準。

來自藝術的真誠回應

我覺得一個好的畫室，要有一個好的老師，更重要的還要有很好的同學。

說起我們班可是臥虎藏龍，我的隔壁就坐著國立臺灣師範大學設計學系教授楊恩生[3]、王高賓[4]、顏國榮[5]、許進風[6]、傅彥熹[7]等，他們都是我觀摩學習的對象，偶爾一兩句提點，便如醍醐灌頂。

其中一位陳昌銘[8]同學不僅常常熱心回答我的疑問，還附上滿滿三張A4紙深入的專業建議，讓我獲益良多。

他說：「畫畫時，常有人不知何時該停止，那是因為沒有整張畫

3 知名的水彩畫家，一九九〇年起為郵政總局繪製至少五套瀕臨絕種哺乳動物郵票，一九九一年臺灣溪流鳥類郵票創下八億銷售佳績。
4 知名畫家，臺灣師範大學美術研究所碩士，五月畫會的重要成員。
5 知名畫家，臺灣師範大學設計研究所畢業，現任臺北市立華江高中美術專任教師，舉辦過多次油畫個展，並帶領學生成為各國美術比賽的常勝軍。
6 從事室內設計，亦為知名畫家。
7 臺灣師範大學美術研究所碩士，臺北教育大學視覺藝術系講師，八方畫會理事長，知名畫家，平鎮高中美術教師。並獲全世界華人人物寫實油畫大賽優選。
8 教師，熱愛繪畫，有深厚的繪畫基礎。

（整體）的虛實、深淺、主次的概念。如此一張畫，畫再久，一直描繪恐怕也永遠畫不完，可說精神可嘉，但卻畫不出好畫。」至今我都還保存著這三張A4紙，裡面除了有不吝賜教以外，更像是祝福，我能得此同學為伴，真是三生有幸。

另外一位同學是奇美藝術許文龍獎的得主蔡許慧蘭，她也常給予鼓勵，讓我得知自己

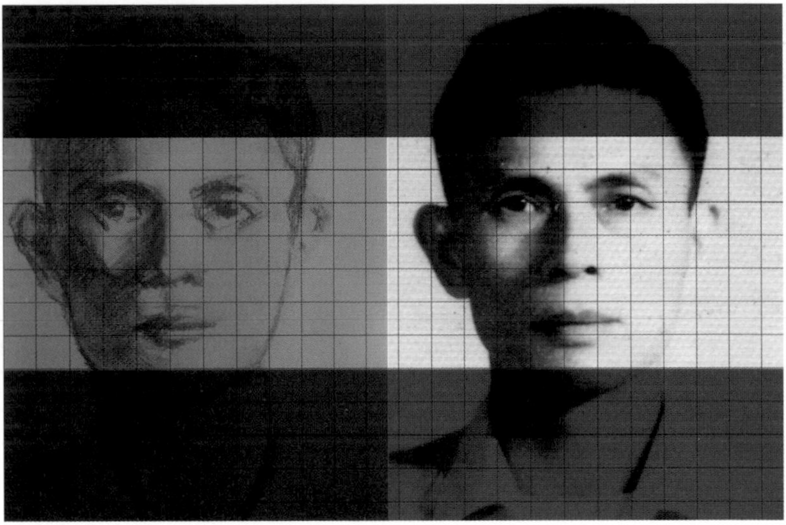

外甥設計的人體素描比對軟體。

難免深受工程專業的影響，在色彩配置上顯得拘謹。

她說：「江育誠，要成為一個偉大的畫家，你不要去死背什麼顏色配什麼顏色，你都不要背，也不要複製老師的配彩用色。要相信自己的眼睛，你看到什麼顏色就大膽調出來畫上去，你的眼睛自然會去統合、平衡整個畫面。畫畫要忠於直覺，才能有自我的風格，才會與眾不同。」

甚至連一位從未謀面的網友，我只知他是高等法院的檢察官，透過臉書看到我的畫，也毫不吝嗇的熱情評畫，長期給予忠實中肯的建議，他說：「我認為你是承受得住打擊的人。」

在藝術繪畫領域裡的同好，沒有一位不是樂見其成、毫不藏私的傾囊相授。相比之下，在職場上往往相反，更多的是棒打出頭鳥，一味地排擠、鬥爭、打壓，見不得別人好。支持我往大師夢想前進的背後還有一股溫暖的力量，一份人生可遇不可求的珍貴情誼，她是十大傑出女青年、也是我的好友吳晶晶。

她見證我學畫的初衷與全部心路歷程，即使在我的繪畫作品仍像小孩般匍匐前進時，她依舊毫不吝嗇地給予鼓勵：「你很有潛力，我可以當你的經紀人。」只可惜她當我經紀人的願望再也無法成真。她不幸罹患癌症後，我辦公室裡有一尊木佛，她很喜歡，還問我這尊木佛能否借她幾天，幫她祈福庇佑，正當我載著木佛要送給她的途中，卻傳來噩耗，未能見到最後一面，成為我心中永遠的遺憾，她過往的勉勵話語言猶在耳，也化為我繪畫夢想中最堅定的力量。

有一次同學們齊聚幫冉老師慶生，冉老師請每個人分享學畫的心得，我說道：「到目前為止，我完全不後悔第一天上課時，就大言不慚地說我想成為大師。」

一個沒有挑戰、沒有困難的夢想，還叫夢想嗎？就像唐吉軻德的騎士精神一般，成為大師便是我用來激勵自己奮勇向前的永恆召喚。

退休之後，我由衷感念能認識這麼多真誠又才華洋溢的藝術家好友，他們在藝術領域不僅專業又出色，還有一顆熱誠無私的心，有他們的提攜與鼓勵，相信我離大師的夢想越來越近。

1

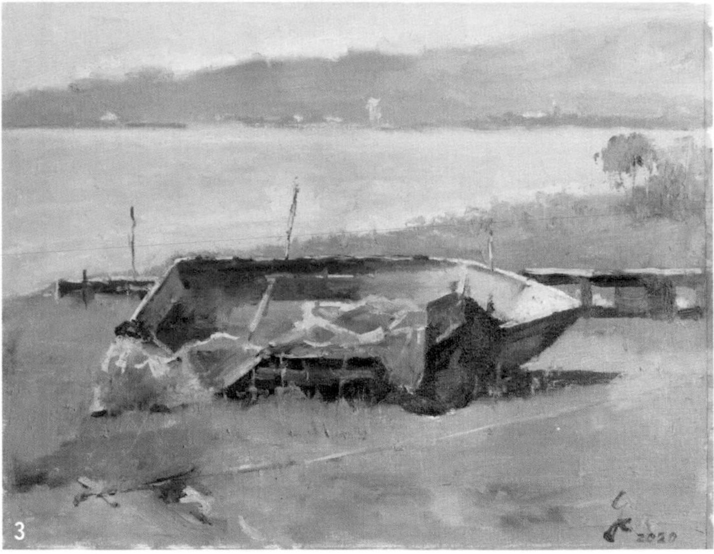

3

4

5

1. 來臺交換女學生的肖像。
2. 來臺交換學生的肖像。
3. 二〇一九年十二月於社子島寫生。
4. 耗費五年才修改完成，最難搞的模特兒終於滿意了。
5. 二〇一九年十二月於宜蘭出海口寫生，壯圍捕鰻苗的小船。

珍藏烏克蘭姑娘

在冉老師的畫室，我總喜歡坐在角落靠牆的位子，因為我最愛的一幅畫就懸掛在身側，休息時可以就近欣賞，老師注意到了我的習慣，取笑我說：「江育誠，你小心一點喔，那一張是世界名畫。」

這一幅畫的確來頭不小，長歌藝術傳播在二〇一一年幫冉老師拍攝了紀錄片式的教學影片，隨後並在華視播放，影片中的畫作就是掛在畫室牆上的這幅作品——〈譚雅〉。

我因為太喜愛這幅畫，逕自大膽地向冉老師開口表示想要收藏，當下他並沒有應允，看得出珍惜不捨之情，我只好繼續坐在老位子，時不時抬起頭，凝視烏克蘭姑娘的秀麗身影。

直到有一天，冉老師摘下畫作，決定將這幅畫割愛給我，此時已經是三年後了。老師說：「我只有一個要求，你必須聽我唱完這首歌，這幅畫才能給你。」

當場，老師悠然地唱起一首著名的蘇聯民謠〈三套車〉。

冰雪遮蓋著伏爾加河，冰河上跑著三套車，
有人在唱著憂鬱的歌，唱歌的是那趕車的人。
小夥子你為什麼憂愁，為什麼低著你的頭，
是誰讓你如此傷心？問他的是那乘車的人。

你看吧，這匹可憐的老馬，牠跟我走遍天涯，

可恨那財主要把牠買了去，今後苦難在等著牠。

可恨那財主要把牠買了去，今後苦難在等著牠。

這首歌的旋律充滿哀戚，馬車夫那匹性命相依的老馬被財主看上，就要從自己身邊被帶走，他的馬到新主人那裡後會被怎麼樣對待？是否能吃飽？會不會挨打？無論馬兒下場如何，馬車夫都將無力阻止了。

冉老師藉這首歌曲表達他對於此創作的不捨之情，也殷殷期許我能夠愛之、惜之。

以前我買任何收藏品，家人都說我是玩物喪志，唯獨這張〈譚雅〉，連兒子都覺得居然買到一張博物館級的。

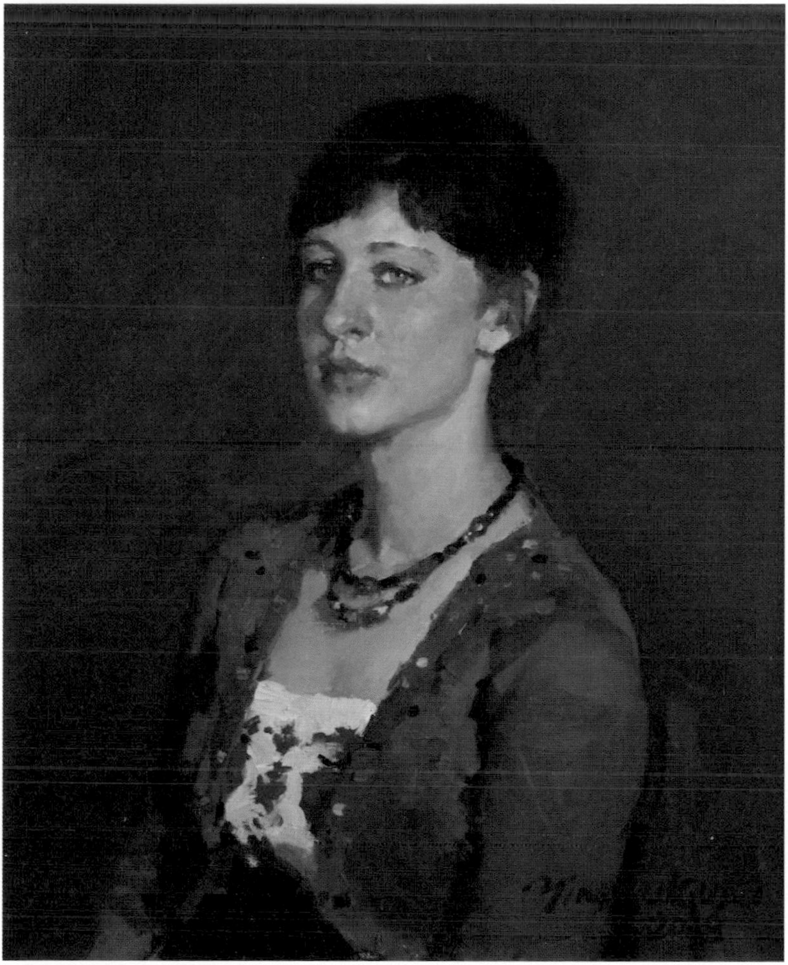

冉老師的大作〈譚雅〉。

後來，我從臺北搬到八里，也把〈譚雅〉搬到八里，打算掛上，才發現畫的背後竟然還留有一段文字：

「育誠兄雅愛久矣，念及真賞之心又為同道之人，兼且助吾多矣，能不割愛。今書此，此畫小稿以誌情誼。」

原來是冉老師親筆寫下為什麼最後願意割愛的緣由，讓我銘感於心，俄國大文豪托爾斯泰曾說：「藝術是永恆的，生命卻短促。」一幅偉大藝術作品可以超越時空長流，在人們心靈深處鐫刻永恆的樂章。

我的肖像畫

盧西安·佛洛伊德是我非常喜歡的一位畫家，英國女王伊莉莎白二世為了向佛洛伊德求一幅肖像畫，以堂堂女王之尊竟然登門拜訪了七十二次，才得到佛洛伊德的首肯，願意幫她畫一幅肖像畫。

佛洛伊德的一幅肖像畫曾在二〇〇八年賣出三千三百六十萬美元的高價，創下當時在世畫家作品的最高紀錄。然而，他多半畫的是小人物，筆下淨是普通的老婦人、救濟金管理員，生活在他們的面容留下滄桑的印記，又透過佛洛伊德的筆，爬刻了一條條陰影溝壑，恍若他們的磨難就深埋在這黯影之中。

佛洛伊德對隱藏在社會角落的人物觀察，毋寧是一種對生命本質的挖掘。現代科技可以讓影像瞬間凍結，但是卻無法像佛洛伊德畫作一樣刻畫人性，穿透生命騷動不安的底層。

藝術的高度就像油與水的關係，一滴油浮在水面上，水有多高，油就有多高，是水決定油的高度，而非油撐起了水。油只是技術技法，水是藝術素養，是畫家自己生命經驗的積累，內蘊的人文涵養，才能為藝術創造出滾滾波濤，交響普世的共鳴。

肖像的畫外之音

我常在臉書分享我的繪畫寫生，常常有人希望我幫他們畫一張肖像畫，有一次未曾謀面的網友請我畫一張肖像，她問：「你可以幫我畫裸體嗎？」話不多說，隔不到三分鐘就脫衣服，拍一張照片直接傳過來了。

她的坦然與自在，讓我想起佛洛伊德的一句話，他相信人們在不穿衣服的時候，能看到最深層的本質和本能的欲望，他說：「人的動物性很令我著迷……我喜歡看到人如動物般不拘束、不窘迫，自然本性的一面。」

後來，我在社區開了繪畫班，只要對繪畫有興趣的鄰居都歡迎前來。

其中一位鄰居楊先生，有一天跑來我家，他真是個奇人，知道我買了一臺新電視，便問我說：「我把我的告別式影片都做好了，能不能來你這邊看？因為你這個螢幕跟告別式的螢幕差不多大小。」

我這才知道他早就做好自己的告別式影片了，而且每年只要沒過世就會稍作更動。於是當下我讓他播放，沒想到居然看到他的遺照用的是我幫他畫的肖像畫；他見我滿臉驚詫，只淡定的說已決定要用這一張當遺照，還問我覺得如何？

我想也沒想的說：「沒有像是死去的感覺。」

因為他根本退而不休，精神炯炯的登上了喜馬拉雅山，俄羅斯最高峰也有他的足跡。我在畫他的時候，便把他的灑脫不羈也放進去，他說這就是他的目的。

名家畫筆下的五種性格

開始習畫以來，很自然的都是我畫、別人當模特兒。生平第一次、也是唯一一次，我當模特兒，而且千載難逢地邀請到五位名家一同參與。

當模特兒的緣起是恩師冉茂芹提議要替我畫一幅肖像畫，他甚至建議師生聯手；也因為知道我喜歡時鐘，時鐘就由我負責，肖像的部分則由他執筆。那時我還一直躊躇不敢答應，心想怎麼可以讓冉老師的大作毀於我手中。

此外，我也從未當過模特兒，要當稱職的模特兒並不容易，一畫就是三小時，過程中不能隨便亂動，更不是畫一次就能完成，我很擔心自己坐不住，掙扎了許久。後來心想，英國女王都可以為了求一幅畫，不辭辛苦親訪七十二次，我的擔憂實在不足掛齒。後來我一共去了六次，坐了將近二十個小時，才完成我的肖像畫。

心想既然決心「下海」當模特兒了，何不把握此機會邀請我心中欽慕不已的幾位名家好友陳名能[9]、郭建疆、吳素絹[10]一同揮筆，他們也豪爽答應，甚至熱情的說願意將完成的作品贈予我留作紀念，而令我感念不已。

我的肖像畫進行到一半，已可約略看出在他們每位眼中所觀察到的我是什麼樣子。

其中一位開玩笑跟另一個人說：「你把江總畫成這樣子，有一點風險，他可能不讓你繼續上班。」還調侃說：「你看江總繃著那個臉已經在生氣了，沒畫好是沒有工作的意思。」

我也就順著他的話，把戲繼續演下去，故意板著臉說：「那你做到下個禮拜，領完薪水就不用來了。」

9 建築師，知名畫家，前中原大學副教授。

10 知名美女畫家，專攻人物、風景寫生。

大家聽完一陣哄堂大笑。隨後，冉老師又補了一句：「江總，你剛剛講那句話的氣勢我有畫進去。」而最後他把畫送給我的時候，跟我說：「認識你十幾年，這張畫裡面總共有你的五種人格特質。」

我很好奇究竟在冉老師眼裡我擁有哪些特質？冉老師隨手在一張信紙寫下：「一個大企業的總經理、一個球隊的帶領人、一個古鐘錶的收藏人、一個風景寫生畫家。坐在我畫架前面的漢子，滿臉是燦爛的笑容、彷彿帶著鐘錶的滴答聲走入畫布之中。」

我一直有個夢想，要成立鐘錶博物館，怎知因爲習畫，讓這件事耽擱了下來。如今離這個夢想，又更接近一小步，有了這幅恩師為我親手繪製的肖像畫，希望有天可以掛在我的鐘錶博物館。

冉茂芹老師為我繪製的畫像。

父親的雕像

開始學畫之後，我一直在思考何謂藝術性的問題，直到一趟俄羅斯藝術之旅，像混沌不明的雲幕，照進了天光，才讓我親眼見證藝術的力量竟可以如此強大，即使面對威權逼迫，也絲毫不畏縮。

俄國風景畫大師列維坦有一幅畫，整幅作品只畫了一條蒼涼的黃土道路，雜草漫生，路上沒有行人，也沒有車馬，只是一條道路，卻可以如此穿透人心，甚至不寒而慄。這條路就是著名的弗拉基米爾路，一條流放者、異議人士、重刑犯流亡西伯利亞的必經之路，凝視這條路的人，彷彿聽見低沉的嗚咽、拖行的鐐銬與皮鞭的呼嘯。

每次看到這幅畫，總讓我想起父親，他的一生命運多舛、無辜地成為戰爭的犧牲者。為了紀念父親，以及他跋涉過歷史的大江大海，一路以來的堅忍、堅毅，因此我在雕塑課時，特地選擇以父親為題。

繪畫與雕塑是相輔相成，許多偉大的畫家同時也是優秀雕塑家，印象派畫家竇加就是最著名的代

列維坦的名作〈弗拉基米爾路〉。

衣，他生平唯一對外發表的雕塑作品〈十四歲小舞者〉，輕盈褶皺的芭蕾舞裙、舞鞋，髮辮上繫著俏麗緞帶，微微後仰的身軀，充分展現舞者的線條張力與韻律。雕塑也是畫的衍生性興趣，差別只在畫面上的二維和形塑的三維。

然而，雕塑要比繪畫難度更高，從平面到立體，到材質的掌握，都是一關難過一關的挑戰，需要細雕琢磨，一丁點拿捏不準，便是斷手斷腳，全部歸零，從頭再來。

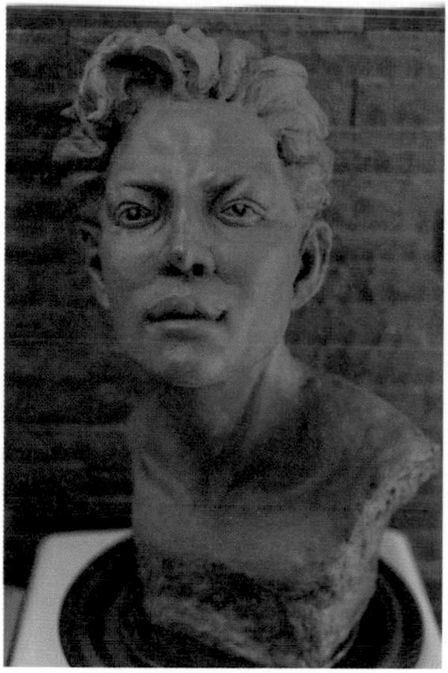

父親的塑像。

其中手部最是脆弱，為了能懸空撐起柔軟又厚重的泥塑，內部需嵌入鋼架支撐。但新手難免失誤，尤其是內部鋼作構件組織製作不當，敵不過地心引力就會崩裂而斷。如若手臂太長，還可像外科手術般加以截肢接合；但若太短，則來不及補救，只好讓原本「寫實」的作品變成「寫意」。

雕塑非短短數日即能完成，因此常放在教室裡，時隔一個禮拜再來，居然就長出了菌絲跟香菇，簡直像泥胎湧出了生命。但就算泥土塑形完成，雕像的製程也不過走了一半，還需在泥塑上細細塗抹石膏，小心翼翼剝除成為石膏模。也因雕塑肢體動態的迥異，複雜性大不相同，石膏模可能多達十幾塊，每一塊模的完整性都得小心翼翼，並再做細膩的修整，最後才送去工廠，以銅翻出雕像。

可惜父親來不及親眼見到我獻給他的作品。

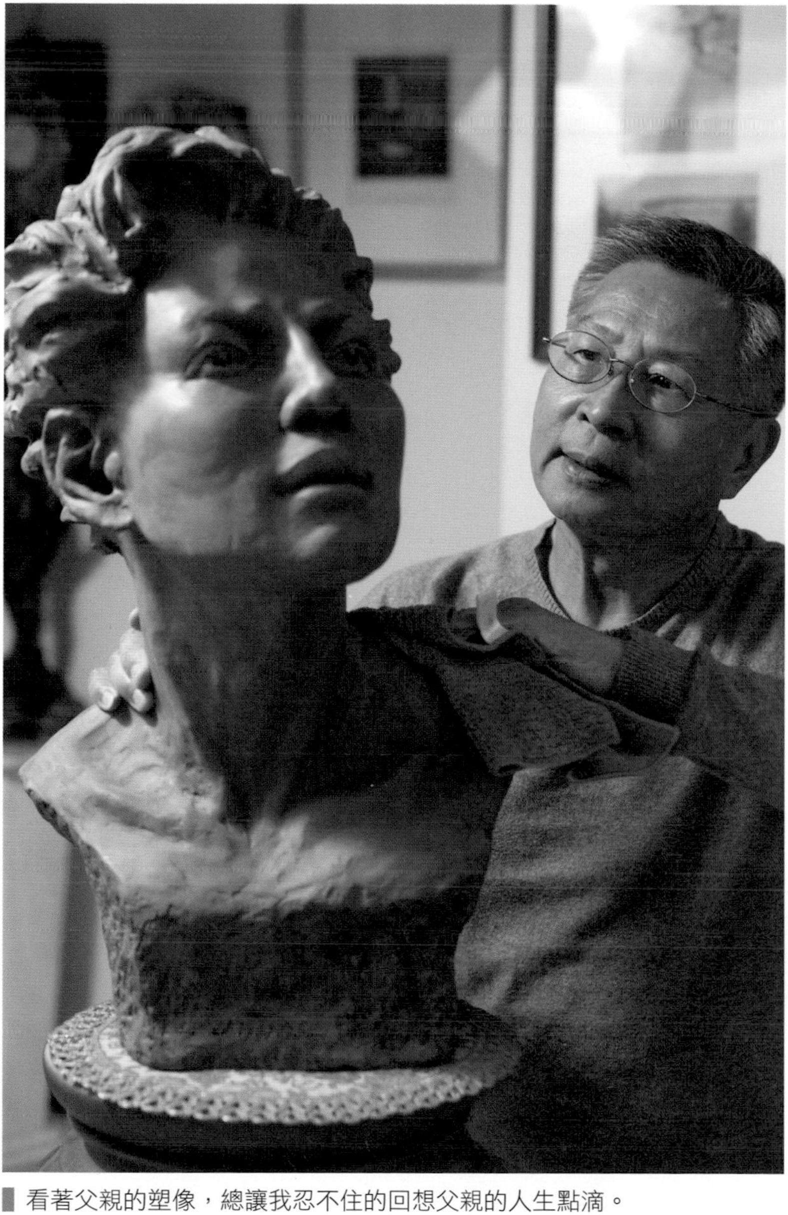

看著父親的塑像，總讓我忍不住的回想父親的人生點滴。

烽火下的殘酷人生

父親過世的時候，留給我一樣東西，我覺得那是他給我最好的禮物——一個牛鈴，那彷彿連結了父親的一生。

父親其實是由養父母拉拔長大，因為養母那邊沒有後代可以繼承，所以小時候就被過繼過去，名字也從林改姓江。這個牛鈴是養父養母從小掛在父親手上的，不是為了好玩，是為了要聽聲辨位，因為養父養母都是盲人。

珍珠港事變時，美軍曾經將臺灣當作日本的領土轟炸，父親的養父養母在美軍的轟炸下被炸死。然而，戰爭對父親的殘忍還不僅僅於此，不只奪走親人的性命，也把他捲入歷史洪流的漩渦。

我在家裡排行老四，上有三個哥哥，下有一個妹妹，但大哥和二哥卻差了五歲，因為在大哥出生沒多久，父親就被徵召為日本兵對抗美軍，後來日軍戰敗，父親成為戰俘，被美軍抓到蠻荒的新幾內亞，這一待就是五年。

五年後，他回到臺灣，才知道養父母已經無辜成為戰爭亡魂，連屍骨也無處可尋，因為早就草草埋葬，面對自己的孩子也如相見不相識的陌生人。為了一場甚至不是為自己國家的戰爭，父親失去一切，這殘缺的五年完全改變了他的一生。

如果命運可以重來，父親的人生應該會有截然不同的風景。父親原生家庭的幾位哥哥幸運地未被捲入大時代的荒謬劇，個個懸壺濟世，甚至還計畫開設一家綜合醫院。但是命運無法倒帶，父親不僅失去受教育的機會，更失去人生最精華的歲月。

那段日子，偶爾會有戰友來家裡拜訪父親，他們雖然都在戰爭中僥倖存活下來，但身體多有殘缺，不是斷手就是斷腳，或失去雙眼。

戰爭捲入所有的人，繼續以不同的方式影響他們的一生，唯一相同的只有殘酷。當時的說法是三個抓去當兵的，最不幸的是客死異鄉，不知幸還是不幸的是活著回來卻身殘，剩下一個是歷經百般磨難，至少有幸周全歸來。

萬般諷刺的，原來，父親還算是幸運的那一個。

那條漫長的路

記憶裡，父親總是沉默寡言，我們的互動其實不多。

在裕隆任職期間，一次在記者來家裡採訪時，父親問我他可不可以在旁邊聽。等記者走後，父親突然跟我說：「我不知道你變得這麼厲害，口條分明，而且落落大方。」

我想我沒讓他失望，但是父親來不及看到我後來在嘉裕做到總經理，也看不到我現在退休後投入繪畫、雕塑，還為他雕了一座頭像。

父親去世後，我不再過生日，因為這一天正好是父親往生的日子。我永遠忘不了那天我剛好要到新竹出差，出門前，父親還跟我說：「阿誠，今天是你生日喔，生日快樂！」

十分鐘後，我車子剛開上高速公路，就接到噩耗，我繞了一圈又一圈，怎麼也找不到下交流道的出口，返家的路突然變得如此漫長，眼前又浮現列維坦畫中的那條道路，和父親充滿磨難的一生，希望世界上永遠不會再有弗拉基米爾路。

【攝影篇】

昆蟲世界的無常

別人的修行是透過宗教，我的修行卻是經由興趣。無常是深奧的人生議題，許多人禪修念佛，希望能參透無常，我對於哲學或宗教所定義的無常研究不多、不敢妄言，但是因為攝影，我意外從昆蟲身上，赤裸裸地體會到生命的百轉千迴。

我開始攝影的初衷很單純，當時兩個小孩剛出生，我希望能夠記錄他們的成長過程，我認為記憶是珍貴的資產，所以當時我很用心的拍攝每一張照片，記錄每一個重要瞬間，可惜的是，長大後，卻沒有一個人記得跟我要那些獨一無二的回憶。

小孩子長大成人後，我轉而找尋值得紀錄的生命，因為常常去爬山，我開始對容易被肉眼所忽略，或視而不見的微小世界產生極大的興趣。

昆蟲攝影是我在爬山時衍生出來的興趣，偷窺這些微小世界，除了擴增我的生命視野外，昆蟲用性命演繹的生死故事，竟然比真實人生更驚濤駭浪，讓我深感震撼。

蟹蛛的職場生死鬥

蟹蛛是蜘蛛的一種，因為形狀像螃蟹，也能像螃蟹那樣橫行或倒退而得名，牠的體型嬌小迷你，顏色幾近半透明，非常可愛，但是千萬不要被它弱小無助的外表所迷惑，在自然界中要存活下來，若沒有強大的體魄，上帝往往會留給牠致命的生存武器。

拍攝蟹蛛捕食獵物的瞬間，彷彿在看一部驚悚片，蟹蛛會以掩耳不及的速度突襲牠看上的獵物。蟹蛛以小搏大，對付一隻比牠體積還要大三、四倍的蒼蠅，牠以獵殺者的姿態輕鬆咬住蒼蠅的頸部，一瞬間就把神經毒素打了進去，蒼蠅掙扎亂飛了幾秒，也只不過是徒勞的掙扎而已，在神經毒素被注入的那一刻，命運

從照片中可看到，蟹蛛對比牠體積還要大三、四倍的蒼蠅，頸部注入神經毒素。

就已經注定了。

從蒼蠅被襲、掙扎、飛墜，蟹蛛都緊緊抓著獵物的頸部不放，我一直追蹤到獵物入甕的最後一刻。看著蟹蛛對付獵物的快狠準，不寒而慄之餘，我心底油然而生的居然是對同事的感謝，感謝他們的手下留情。雖在職場上遭遇暗箭無數，背上時不時拔出幾支箭，也不是什麼新鮮事，但是至少他們不曾拿出像蟹蛛一樣的雷霆手段，職場上的你爭我奪，比之大自然血淋淋的弱肉強食，恐怕只是扮家家酒，對於職場的宮鬥劇碼，我從此雲淡風輕。

淡然面對人生中唯一的恆常

除了蟹蛛，最謎樣的生命就是蟬，牠常常讓我禁不住思考造物者的安排，蟬的一生幾乎都是在不見天日的地底下度過，因種類不同而有不同的生命周期，短則一年，最長可以在地底下蟄伏長達十七年之久。

雄蟬利用鳴聲吸引雌蟬完成交配，雌蟬把卵產在樹皮內，小若蟲（幼蟲）成功孵化後，隨即鑽入地下，吸食樹根汁液維生，直到最後一年，鑽出泥土，爬上樹幹羽化，夏日奏鳴、交配傳承，直到最後曲終人散、繁花落盡，前後只有短短不到一個月的光景，十七年的等待，只為了剎那間的翱翔。

我拍攝過無數次金蟬脫殼、羽化蛻變的過程，人類可以借助助產士幫忙，蟬只能靠自己判斷從哪裡破殼而出，但並不是所有的蟬都這麼幸運。

有一次在陽明山，遇到一隻草蟬，一邊的翅膀突然卡住，我看著

▌掙扎著破殼的草蟬。

牠使盡吃奶的力氣，卻無論如何都掙脫不開，原本轉生的殼，忽然之間變成死亡枷鎖，牠似乎用一種求助的眼神看著我，當下我有股衝動想助牠一臂之力，把殼剪開，但我猶豫了，我不知道是否有資格僭越上帝、干預生命？

我眼前的這隻草蟬，蟄伏幽暗地底數千個日子，只為了等待破土而出、陽光燦爛的這一天，牠又犯了什麼錯？一生沒有一次蟬鳴，漫長的等待瞬間化為幻影，我永遠忘不了那無助的雙眼，難過得無法言語。

我禁不住地想，倘若因為我的介入讓這隻蟬成功脫困，牠是否能安然度過下一次危機？如果牠的翅膀不趕快張開，如果牠不立即高飛，牠的天敵就要來了。

你以為黃口攀蜴就是贏家？更可怕的敵人、可以同時吃掉蜥蜴和蟬的鳥就在必勝的制高點等待，倘若千萬分之一的機率讓牠幸運躲過這一切，當牠奮不顧身的往前飛奔時，一張透明的網已經擋住去路，不到一秒鐘，蜘蛛就已經將牠牢牢地綑綁，這張生命無常的網，又綿又廣，又有誰是真正的贏家？

每次拍攝昆蟲，讓我深受震撼的就是生命的脆弱與無常，只有百分之五的毛毛蟲可以成功蛻變成蝴蝶，途中遭遇危險的機率

四周環伺著各種危險和天敵（黃口攀蜥）。

太高太高，人類生病可以看醫生，昆蟲或動物，只要腳受傷或是折翼，死亡之門也就不遠了。

每一次上山，一幕幕生死輪迴不斷在眼前上演，一天至少看上數十遍，回到山下，周遭的人們個個牢騷滿腹、怨天尤人，只因小小的不如意或挫折，這強烈對比，對我的人生觀產生巨大影響，我變得更認真的生活、更珍惜每一個當下，但是同時又更淡然與豁達，世事不定靜待花開，生命無常順應自然。

一百種昆蟲交配大挑戰

在拍攝昆蟲時，為了捕捉昆蟲畫面，我常常是整個人趴在路邊的地上，有一次在陽明山，一輛車飛嘯而過，卻突然又緊急煞車倒車停靠在我身邊，我心中正納悶怎麼回事，車窗搖下，探出頭的竟然是前老闆嚴凱泰先生。

「老江，真的是你，我以為你拍昆蟲都是在跟我吹牛。」

當時，我頭戴遮陽帽趴在地上，正耐心的等待著豆娘的交配大戲。

我在爬山的時候，時不時會蹲在山道旁邊拍照，總是會有人忍不住好奇的問：「你在拍什麼？」一旁負責幫我清場的老婆，馬上會比出「噓！」的手勢，請對方安靜，不是因為我怕打擾，而是怕驚擾了昆蟲的洞房花燭夜。

「人家在做愛，我是在偷窺。」我跟他們解釋，我是最近才改用交配一詞，以前我都講做愛，這是把昆蟲擬人化了，但也有人批評這用法語帶色情，也有人糾正我，正確的生物學用話是交尾，但是我始終不喜歡這麼功能性的形容。

我給自己找了一個難題，拍攝昆蟲並不難，但是要拍到昆蟲正在交配，那可是要天時地利人和。拍攝昆蟲交配已經是可遇不可求了，我還設定一個更高的門檻，就是要拍攝一百種不同種類昆蟲的交配方式。

我的好友，奧美廣告的前創意總監孫大偉給我出了一個廣告人天

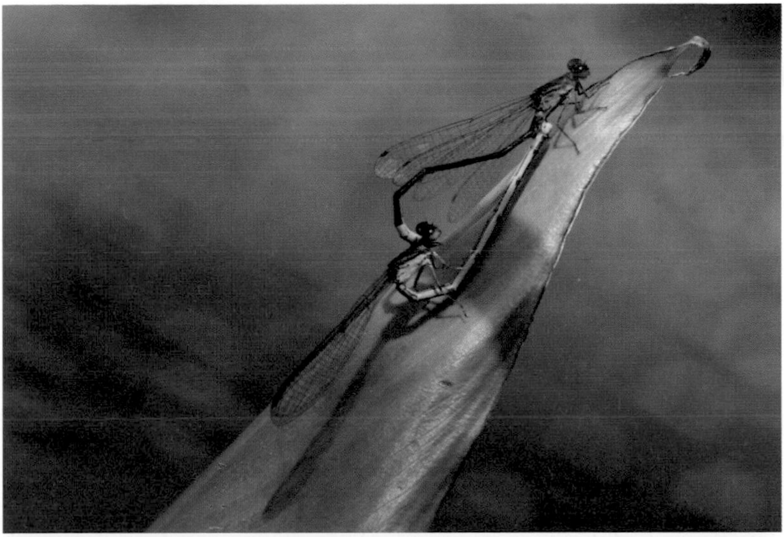

交配中的豆娘。

行空的鬼點子，他建議說：「你拍九十九種就好。」
我問：「為什麼？」
他回答：「你就拍九十九種，然後最後一張朦朧的帷帳，是你跟你太太。」
我踢他一腳，罵道：「你神經病。」

如果昆蟲也有愛情

場景回到我們的豆娘（蜻蜓），豆娘交配時的姿勢非常動人，首尾相連看起來就像是一個唯美浪漫的完美心型，我還想像著，如果牠們在交配的時候微微顫動著，那是不是看起來就會像一個跳動的心臟。或許是我自作多情地用一種浪漫的情懷在理解，然而昆蟲的愛情是否真的如此唯美？

我很尊崇的法國昆蟲學家法布爾曾經寫過一篇〈螳螂的愛情〉探討這個問題，螳螂交配時，雌螳螂會一邊交配一邊開始準備吞食雄螳螂，當雄螳螂用盡最後力氣完成交配時，自己的腦袋幾乎已被扭斷，整個過程，雄螳螂沒有一絲反抗。究竟是多偉大的愛情，才能讓螳螂新郎心甘情願地把自己當祭品，洞房花燭夜就是自己的忌日。究竟是什麼樣的恐怖情人，螳螂新娘竟然等不及婚禮結束，就把情人當成大餐狼吞下肚？

對人類來說，昆蟲世界裡的愛情，諱莫如深，昆蟲世界裡的男女之別也不是一成不變。很多雌螳螂一輩子只要交配一次，就會雌雄同體，不需交配，便可不斷產卵。

竹節蟲更被形容為女人國，雄性的存在就是一種悲哀，可有可無。要拍到竹節蟲非常困難，因為竹節蟲是昆蟲界最厲害的偽裝大師，牠有高超的隱身術，當棲息在樹枝或竹枝時，活像一根枯枝或枯竹，真假難辨，有些竹節蟲受驚後落在地上，還能裝死不動。

我拍攝昆蟲很久之後，才開始看到竹節蟲，並且非常幸運的拍到正在交配的鏡頭，就是兩根細長的竹枝連結成一根。有趣的是，上山下山，我已經繞了一大圈，回到原地，牠們還在濃情蜜意，據聞有一種竹節蟲甚至能持續交配七十九天。

窺探造物者的祕密

有一次老闆娘莉蓮忽然問我：「江哥，你拍那麼多昆蟲交配的照片，你應該很有經驗，昆蟲交配久不久？」

一百種昆蟲交配的拍攝仍持續努力中。

我回答：「哇，非常久。」

她又問：「那你一定很有心得，跟我們分享一下昆蟲的祕訣？」

我回答她說：「很簡單，我們人類早知道，就是上去後不要動。」

她噗嗤大笑：「胡扯！」

我雖然不是生物學家，但是對於大自然生命的好奇心，從不停歇，誰說只能局限於生物學家才能一窺造物者的奧妙。你可能很好奇，最後我有沒有達成一百種的拍攝目標，答案是——還在努力中。

微觀世界的能量

臺北後花園是我探索昆蟲微觀世界的任意門，為了更深入微觀世界，我除了用相機拍照之外，還準備了顯微鏡，以便更深入肉眼看不見的萬千世界。透過微拍和顯微鏡下的微觀世界，我看到了太多別人看不到的東西，可以無限地延伸生命的寬度與深度，讓我覺得自己很富有。

透過顯微鏡，我才發現原來毛毛蟲幼蟲時期，因為要吃葉子，所以口器變得很硬，這個堅硬的口器，在羽化成蛹的過程中反而變成阻礙，因此，當它要變成蛹時，會自己對自己動手術，自斷口器，設計無比精妙。

有一陣子我迷上收集金蟬脫殼的金殼，帶回家用顯微鏡細細欣賞，發現小小的外殼卻蘊含最頂尖的工藝，極度複雜的幾何造型與不可思議的美麗對稱，許多著名的建築，都是從昆蟲的外型獲得靈感。

捲葉象鼻蟲可說是昆蟲界的建築師，我小時候總會看到樹上有些葉子像一個個的三角粽子，原來那就是捲葉象鼻蟲的傑作，象鼻蟲媽媽會用嘴巴先將葉脈切斷，再於葉面戳一個個的小洞，破壞葉片組織，才開始建設。沒有工具的牠，會用自己的腳把葉子捲起來，再用頭頂住折葉的地方，讓捲葉不會彈回去，當象鼻蟲媽媽再三確定寶寶的家安全無虞後，牠就會在裡面產卵。

捲葉象鼻蟲最了不起的是，牠蓋的房子還防水，裡面都只有一顆卵，剛剛好，不會太擠。有了這間為了寶寶蓋好的房子，蟲卵就不會被螞蟻搬走，葉子還可以成為牠的小孩的第一道美食，這一小卷葉子是捲葉象鼻蟲給孩子最好也是最後的禮物。有時候，你會看見象鼻蟲媽媽蓋完房子之後，還留在原地，好像捨不得走。

愛憎小強一念間

在山上浮光掠影般的觀察昆

捲葉象鼻蟲是昆蟲界的建築師。

蟲，仍填不滿我無邊無際的好奇心，於是我開始飼養昆蟲，如此一來，就可以無時差、全視角的觀察昆蟲的作息與變化。

我曾經飼養蟑螂長達兩三年，很矛盾的是蟑螂又是我最害怕的動物，甚至害我差點丟了飯碗。

有一次，當時的老闆嚴凱泰先生的辦公室出現一隻蟑螂，他四處求救，一層樓、一層樓的打電話，不巧遇到用餐時間都沒人接聽，最後打到第十四樓，正好我在，他一聽到我的聲音，彷彿汪洋中看見燈塔：「老江，你能不能上來一下，幫我一個忙？」

我立刻上去，他指著蟑螂說：「那個幫我處理一下。」

我聳聳肩說：「沒辦法，我比你更怕。」

他又氣又好笑地說：「好不容易找到人，你竟然比我更害怕？」

然而，我的好奇心依舊戰勝我的恐懼，為了一窺生命的堂奧，我抓了一隻蟑螂放在一個罐子裡，然後加了雨水之類的奇怪東西，我很好奇牠會不會演化成異形，像酷斯拉也說不定，就像那顆綠寶石一樣的生命之水，最後演變成蝴蝶。大自然留下許多作業，一輩子都研究不完，在微觀昆蟲中，我是越玩越無知，越玩越覺得自己淺薄。

米雪兒的養蟲日記

除了最怕的小強外，我也養過可愛的柑橘鳳蝶的幼蟲，柑橘鳳蝶很有趣，牠的幼蟲外觀有兩隻水汪汪的大眼睛，但其實是假的，為了嚇唬敵人之用，我剛拍攝的時候不曉得，以為那是真的眼睛，瞪得好大。

我總共養了兩隻幼蟲，後來結成了蛹，我將其中一隻送給了老闆嚴凱泰的女兒米雪兒，因為我覺得觀察蝴蝶如何破蛹而出的蛻變過程，是很珍貴的生命體驗。

當時米雪兒只有五歲，正是好奇心最旺盛的年紀，米雪兒非常愛護柑橘鳳蝶的蛹，就算是出門，也會寄放到警衛室去，一方面因為可以請人隨時觀察，如果有破蛹的跡象，馬上可以告知，另一方面是鳳蝶在破蛹晾乾翅膀後，如果沒有給予足夠的開放空間，它會焦躁亂飛，很容易受傷。

兩隻鳳蝶寶寶的生長速度不一樣，我這邊的鳳蝶已經破蛹了，米雪兒的卻遲遲沒有動靜，大家既期待又著急，很怕小鳳蝶無法在花花世界裡展翅飛翔。

後來我注意到，可能是溫度問題，因為米雪兒把蛹都放在開著冷氣的房間裡，比常溫還低的環境可能對蟲蛹有影響，雖然不確定是不是主因，還是先將冷氣關掉，接下來的一段時間，原本興奮雀躍的心情漸漸變得焦慮，幸好，一個禮拜後，鳳蝶終於順利破蛹而出，看見新生命誕生的喜悅，大人或小孩都一生難忘。

除了飼養昆蟲外，我跟米雪兒甚至打算進軍植物方面，差點變成一個大計畫。

小孩子都喜歡玩沙，她爸爸弄了一個沙坑給她玩沙。

我跟米雪兒說：「這種沙地是種西瓜最好的地方。」

米雪兒很興奮，

在培養罐中的鳳蝶，終於順利破蛹而出。

種西瓜計畫還沒開始，大家已經開始分配收成。

米雪兒說：「第一個給你，最大的，第二顆給爸爸。」

她還煞有其事地問：「會長出多少顆？」

我說：「看你的愛心，愛心越多就可以長越多。」

可惜最後我們沒有真的種下西瓜，不然除了昆蟲觀察日記以外，我們可能也會有植物觀察日記。其實不論是昆蟲還是植物，當我們停下來用心觀察，皆有可觀之處。

不曉得大家看過花朵綻放的縮時攝影嗎？特別是像菊花這樣花瓣繁複的品種，每瓣展開的順序速度之精細，坦白說以人工智慧的角度是很難模仿的，可知大自然的力量。生而為人，我常想要學的可太多了，每每懷著敬畏之心看世間百態，多理解一些，人生的寬廣度也因此無限延伸。

【古董鐘篇】

承載情感的鐘

自從我會修鐘、也樂於幫人修鐘的消息在《今周刊》曝光後，不少人按圖索驥前來，希望我能幫忙修鐘。看著他們不辭辛苦、小心翼翼抱著滿布歲月痕跡的古董鐘前來，那種不知所措又殷殷期盼的眼神，我頓然發現，他們手上的鐘已不再單純只是記錄時間的機器而已，而是承載無限回憶與情感的傳家之寶。

因此，我也不再只是單純修鐘的人而已，更重要的是作為重新繫起幾代情的牽線者。

每一個鐘背後都有一段不為人知的過往與情感，曾經有位物理學教授，為了修復父親留下來的古董鐘，尋遍全臺灣的鐘錶師傅，卻總是鎩羽而歸、四處碰壁。

他看到報導後，親筆寫了一封信給我：「我跑遍臺北市鐘錶店，金生儀、寶島等，他們說機械磨損，已無零件可換，以致時分走不準，每早我都要親自調整一下，數年來如一日，這座五十年的老鐘，它對我紀念性大於一切。看到媒體報導，知道您對修古董鐘是專家，喜出望外，希望您閒暇之餘，能撥冗修理，我則感激不盡。」

原來他的父親正是前臺大校長閻振興，當年他父親在臺大教書時，工作第一個月領到的薪水，就是買了這座鐘。如今五十多年過去，父母親都已經離世，這座充滿親人家族回憶的老鐘，似乎是唯一可以讓他穿越時空，延續與父親的情感連結。

修復情感和記憶的連結

還有一位畫家也是看到報導，透過臉書與我聯絡，她有兩座很稀有珍貴的鐘，一個是四百天鐘[11]，一個是空氣鐘[12]，空氣鐘也是四百天演變而來。同

11 一種上緊一次發條就可以維持四百天工作的時鐘。

12 機械鐘藉由空氣的溫度差來產生動能來源，使其永恆轉動不停止。

樣的，這兩個鐘都已經故障、停擺許久。看到鐘的當下，我心裡暗呼不妙，因為她的鐘實在損害太嚴重，還沒剖開我就已經可以猜到，故障的點是最致命的地方，以人來比喻，就是心臟已經停止跳動。

時鐘的心臟就是圓形彈簧，是用來儲存時鐘運轉的動能，圓形彈簧一旦斷掉，對一般修錶師傅來講，基本上等同是宣告死刑，因為沒有零件，就算是知道故障原因也束手無策，因為巧婦難為無米之炊。

因此，我猶豫了好久，不知該不該答應，但是鐘的主人一再表示這兩個鐘對她而言意義非凡，我心一軟衝動地應允之後，正愁著到哪裡找尋合適的零件，沒想到很快的就幸運找到一個可以完全匹配的彈簧，成功達成任務。

只因為看到雜誌報導就特地前來，我想這些老鐘對他們而言一定是無比珍貴，幾乎毫無例外，每一位來修鐘的人都是要找回一段情感的記憶。每當鐘的主人看著停擺的老鐘又重新滴答滴答開始傳唱時，淚盈滿眶的激動神情，對我來說，就是最大的快樂與驕傲。

修鐘，我是分文不取，因為幫一個家庭重拾情感的印記與連結，不是金錢可以衡量的。

曾有人鐘修好後，寫信給我：「九二一地震受損後，立鐘獲得重生，除了對你的感謝外，應該要送上謝酬，是否能告訴我修復費用？」

我則回覆他：「修鐘對我而言是一種享受，所以從來沒有費用的問題，以後如果有故障，也不用客氣，我要謝謝你給我擁有快樂的機會。」

從此我們也變成好友，修鐘，帶給我快樂的同時，也給對方更大的心靈慰藉。而擁有四百天鐘的水彩畫家為了感謝我幫她找回情感的連結，回贈一幅她親筆所畫的珍貴水彩作品，同樣喜愛繪畫的我，又回贈她一張素描，修鐘不只是修鐘，更開啟許多美好的善緣。

為古董鐘提供終身保固

我身邊的朋友也開始放膽買一些充滿歷史的古董鐘，大膽的理由是因為我會提供終身保固。古董鐘很容易故障，而且幾乎求助無門，一般鐘錶師傅不太願意修古董鐘，原因有二，一是很難找到合適的零件，二是修復的費用太貴，很難定價。

我的好友，紡織與成衣大廠旭榮集團總經理黃莊芳容，在一次紡織公會的歐洲參訪中，看上一個古董鐘，深愛不已，但因為有些故障，雖然老闆保證會修好再寄過來，但是她還是有些擔心，於是我跟她承諾：「只要我活著，終身保固。」她才狠下心買了，沒想到鐘卻在運送過程中，被摔得四分五裂。

我只好將它全部重新拆解，想辦法把斷裂之處接合，最後不負使命的讓鐘再度復活。如今，這座優雅古典的古董鐘就在旭榮集團辦公室中準確地擺動，讓每位訪客驚豔不已。

我雖然大膽的給出終身保固的承諾，但事實上，並非所有關於時鐘的疑難雜症，我都能夠藥到病除，其中最遺憾與漏氣的，就是裕隆集團的大家長——前董

修鐘對我而言，不只修復機械，也修復情感。

吳舜文的請託，她知道我會修鐘，有一次她床頭的鬧鐘壞掉了，立刻就讓祕書拿給我修，原本應該是我大展身手的好機會，但是看到鐘的當下我愣住了：「這怎麼修？」

原來吳董事長的鬧鐘是石英鐘，嚴格來說，石英鐘的動力來源是電池，與透過人工上發條作為動力來源的機械鐘，截然不同，前者價格低廉，一旦電池壞掉，壽命就到了盡頭，並無法修復。但這是吳董事長的請託，她的節儉惜物眾所皆知，無論如何我都得完成她的囑託，想了半天，最後只好買了新的機芯換上，不知內情的吳董事長看到鬧鐘重新運轉非常開心。但對我來說卻是一大失敗，乍看是修好了，但其實不是「修」好了，而是偷天換日的「換」了一顆新的心臟。

巧手也修復不了的遺憾

另外一次挫敗也讓我耿耿於懷，也是與吳董事長有關，她家裡有一座很高的木製立鐘壞掉了，這種立鐘如果停擺，九成以上都是因為連接擺錘的那條線斷掉。

吳董事長滿懷興奮地找我：「你一定沒問題！」

但我卻讓她失望了，我雖然可以診斷出病因，也有能力修復，但問題出在缺少零件，巧婦難為無米炊。二十多年前，一個沒有網路的年代，修鐘最痛苦的事情就是缺少鐘錶的零件，現在透過網路，我可以連結全世界，輕鬆從國外蒐羅各式各樣的鐘錶零件。

如今修復立鐘對我而言，不再是遺憾，很多鐘錶店可能都無力修復，因為缺少零件。因為對吳董事長的歉疚，現在我敢自豪的說，如果我的鐘錶零件種類數量是臺灣第二齊全的，沒人敢說是第一，我幫很多人修復好立鐘，但唯獨吳董事長的立鐘，是我心中的遺憾。直到我終於找到零件，一天到她家，我趁機把新的鐘擺換上去，但這時已經是事隔十年之後。

因為修鐘，讓我和許多相識與不相識的人有著或深或淺、獨特難忘的緣分。

我退休後，前老闆嚴凱泰先生第一次打電話給我：「老江退休了，還是要常常回來把我的鐘弄一弄，就算不是看我，也要來看看我的鐘。」

他過世當天，我想起我送給他、他很喜歡的一臺滾珠鐘，還故障放在我家，修了很久一直沒修好。不知何故，從國外買回來的新馬達老是無法正常運轉。

別人說我是時鐘醫生，其實修鐘也一直磨練我的心性。

那天，我找出這臺滾珠鐘，什麼事都不做，埋首修理，竟然一下子就讓我修好了，我凝視著修好的滾珠鐘，久久無語，鐘依舊在，人卻遠矣。

放血與放空

媒體常常形容我是鐘錶醫生，我也與有榮焉，和醫生不同的是，我的病患是時鐘，在我的工作室裡，有一個小型的工作檯，就像是醫生的手術檯，側邊的收納櫃裡，則放著各式各樣數不清的零件、工具，就像手術刀與醫療儀器。修鐘時必須具備的專注力與精細度，並不下於醫生，細微的失誤，可能會造成無法彌補的後果，最讓我難過自責的，就是看到走過百年歷史的古董鐘，因為我的失誤而毀於一旦。

修鐘跟醫療一樣都是高風險的一門技術，不同的是，除了病患時鐘有危險外，修鐘者本身也得承擔高風險。例如幫故障的時鐘上發條常常暗藏陷阱，一旦上錯方向，就可能有血光之災。

有一次，我幫親家（兒子的岳父）修鐘，彈簧的簧片出現問題，連上兩次發條，我都被瞬間爆開的簧片打到，力道之大，差點破相，為了防止日後又有人受傷，我特地在盤面畫上一個箭頭，註明上發條的方向。現在每次修鐘時，我都必須戴上防護裝備，因為冷不防地，就會有暗器射出，不得不全副武裝，隨時戒備。

為時鐘的心臟清除沉疴

就像人一樣，時鐘也有心臟，時鐘心臟的運轉是依靠發條彈簧來儲存動能，有些時鐘上一次發條，可以運轉八天，有些可以運轉四十五天，就叫作四十五天鐘。顧名思義，四百天鐘就是上一次發條可以連轉長達四百天，這期間都不需要上發條，換言之，它儲存的動能高達四百天這麼久，可以想像四百天的動能，一旦釋放出來，力道有多驚人。

因此，四百天鐘如果是心臟出問題，通常我會婉言拒修，因為風險實在太高，一拆開時鐘的瞬間，斷掉的彈簧會以迅雷不及掩耳的速度飛射出來，根本逃無可逃。修鐘時暗器亂射的風險不只是傷人，更會傷害到時鐘本身，精密又脆弱的內部零件，也常常被強大的力道撞擊而斷裂。

為了防止血光之災的意外，每次修鐘前，我都要先做一個動作，就是「放血」。中醫有放血療法，將人體部分末端血液流出，可以幫助病患疏通經脈、調氣理血。

而時鐘的放血則是釋放能量，將發條所儲存的動能全部釋放掉，力量解除後，無論怎麼拆，都不再會有暗器傷人的意外發生，所以我在修鐘前，一定要做的第一件事就是先「放血」。

我太太最喜歡看我替時鐘放血，放血時，你可以看到時針分針秒針，飛速轉動，原本應該花上一個月或四百天的時間，僅短短幾分鐘就全部跑完，彈簧帶動齒輪高速傳動，秒針已然在快速的旋轉中化為不可見的殘影，只有分針與時針依稀可見。

如果人生可比擬時鐘，放血就是在短短五分鐘內，將所有生老病死、喜怒哀樂一次全部經歷透，超現實的快閃人生，有股莫名的魔力與奇趣。

對時鐘來說，放血有許多好處，在齒輪的高速轉動中，那些隱隱影響齒輪的運轉，但是肉眼不可見的微細灰塵都可以被清除得一乾二淨，我還會噴上一些清潔劑，讓逐漸硬化而影響齒輪運轉的油垢，能在高速運轉的輔助下，隨著清潔劑被溶洗出來。

人生也需要時時歸零

修鐘前必須讓它完全釋放壓力與張力，才能修理，替時鐘放血這個動作，常常讓我聯想到人是否也需要某種程度的解放與放空，人如果長期處於緊繃、高壓的狀態，都沒有釋放紓壓的管道，毒素汙垢日積月累，身心是否也會出問題？

或許，人就像時鐘一樣，也需要放血，人的放血就是放空，對鐘來說，放血是洗淨內部、清除沉痾；對人而言，放空是滌清雜念，重新歸零，沒有釋放就沒有累積，歸零之後，才能蓄積能量再出發。

很奇妙的是，時鐘放完血，往往就會走得更加平順。我有一座滾珠鐘，三不五時就出現一些小毛病，無論怎麼修理，總是卡卡不順暢，讓我頭疼不已，有一次放血以後，無須多餘調整，從此運轉如行雲流水。

前文曾提及，我常常去臺北後花園爬山，爬山也是一種放空，透過解放心靈、清空腦袋，往往可以看得更清楚問題的原貌。時鐘的放血也有異曲同工之妙，除了釋放能量外，透過放血，還可以找出故障原因，甚至挖掘出潛在問題，放血時，所有齒輪、機構部件快速的牽動彼此，彼此之間沒有祕密，你可以仔細觀察機構在高速運轉時，每個齒輪、部件是否運作良好，有無異狀，透過放血，有問題的部位會更加凸顯，於是，等放完血後，我就可以知道要從哪裡下手醫治。

撞牆也是一種修練

對我來說，原本我是一個急性子的人，每次修鐘，如果剛好碰上吃飯時間，鐘還沒修好，我太太在樓下大喊：「吃飯了。」此時，我如果不趕快放下手中工具，當第二次「吃飯了」再響起時，音調又高了八度，氣氛也更緊繃，如果我再不下去，恐怕晚飯就沒得吃了。在這個情境下，我一定會把手中的鐘搞砸，屢試不爽，彷彿魔咒一般，後來終於學乖了，只要聽到第一聲，就立刻放下一切，不再不依不饒。

愛上修鐘以後，無可避免的經常會碰到撞牆期，怎麼修就是修不好，好強的我，總是不服輸，但越是不服輸就越是修不好，不撞南牆不回頭的個性，搞得自己精疲力竭，也很怕傷了時鐘本身。

修鐘，讓我領悟一件事，有時候你就是必須承認自己撞牆了，撞牆了就把問題留給時間，時間到了問題自然會迎刃而解，事後也往往證明，退一步真的海闊天空。從修鐘延伸到人生，每當我遇到處理不了的問題時，就會告訴自己，行到水窮處，何不泡杯茶，休息一下，坐看雲起時，豈不更從容自在。

每當心情陰天的時候，我反而不想畫畫，但是玩鐘卻可以讓我擁有像小孩子般的快樂，覺得自己是超人，現在修鐘，僅憑聽聲音，我就可以知道鐘的擒縱角度對不對。

退休前，我常常一下班，就跑到工作室，雖然只是小小的一方天地，但是每一座鐘背後的世界卻都是寬廣無極限。

愛鐘如痴者的線上搶標攻略

大家尊稱我是鐘的醫生，但是我笑稱自己是鐘的奴才。我愛鐘，愛到每晚甚至必須有滴答滴答的鐘聲陪伴，我才能安然進入夢鄉，睡得正甜的我，突然被老婆大人吵醒：「起來！你今天又偷藏了一個鐘在哪個角落，吵得我不能睡覺，拿出去！」

我和鐘之間也有我們自己的語言，旁人無法理解的語言。常常訪客到我家都會一頭霧水：「現在是幾點？你們家時鐘那麼多，但沒有一個是準的！」我們家真的沒有一個時鐘是準的，要看哪一個只有我自己知道。

若形容我「為鐘痴狂」也只是剛好而已，退休前，常常下班回到家已經十一、二點了，工作一整天，早已疲累不堪，但是我回到家第一件事不是盥洗就寢，而是馬上打開三臺電腦，因為eBay拍賣結標的時間就快到了，為什麼是三臺電腦？這是我獨門的搶標絕招。

我可能是在臺灣eBay交易量最大的，我的鐘錶、銅板、浮雕等收藏，九成以上都是透過eBay搶標成功的戰利品。

因為我的拍賣量大，實戰經驗豐富，因而練就一套快狠準的搶標工夫。作為買方，我當然希望以最低的價格買到，不想被人家抬轎子，把價錢墊高，這時候就需要三臺電腦，這是我獨創的搶標密技。一臺電腦專門標示網路的速度、一臺不斷刷新最新拍賣價格、一臺專門負責讀秒，在最後要結標前，我可以一邊觀察別人下標，並且在最後倒數幾秒，再以手刀閃電押下大注，這個方式，可以確保最後不會有人故意來抬轎、鬧場。

搶標不只靠速度，也要看人品

剛開始玩 eBay 的時候，網路還不夠發達，商品資訊往往付之闕如，要將一個商品定位出公允的價格非常困難，也因此衍生出很多法門。eBay 上商品的價格不夠透明，我就曾經買過「顧問票」，簡單來說就是買別人的資料庫，可以去到網站裡面查出我的目標市值大概落在哪裡。如果是現在，只要用圖片搜尋，資料簡直琳琅滿目，但是當時網路資訊不足，要成為 eBay 神拍手，就需要很多聰明的策略。

在 eBay 上拍賣，我最重視的不是每一筆交易的金額，而是我自己作為買家的信譽。我雖然常常會收到不負責任的賣家因為包裝不慎，導致古董鐘在運送過程中受損傷，實在心痛，但是也只能自認倒楣，絕不會給對方負評。

這並不是佛心來的，而是為了保護自己，網路跟一般的交流不同，如果對方惡意報復，我就無辜受累而多一個負評，評價好壞會影響交易成功率，有時候幾乎標不到的拍品，卻突然買到了，就是因為我長期累積下來的大量好評。

後來甚至有賣家寫信給我，願意當我的代理商，也是因為對方看了我的買賣紀錄，知道我喜歡的類型，他都會幫我去找，後來他甚至跟我說：「我直接把照片傳給你，你想要哪幾個就跟我說。」但是這是境外交易，可能會被 eBay 告，後來我們想到一個兩全其美的辦法，他會在我們約定好的時間，將商品都發上去，然後我就趕快去買，在一分鐘內結束交易，別人還來不及看到時就已經被我買走了。

驚喜才是真正的無價之寶

退休之前，工作雖然繁忙，但是每天都會有歡欣期待的小確幸，每隔兩、三天就會有從 eBay 拍賣的東西越洋寄來，因為也分不清包裹裡頭的東西是哪件，反而更增趣味，每次拆包裹就像拆禮物一樣，幫我簽收的祕書也會催促我趕快拆開，很好奇今天又是什麼樣的神奇寶貝。

雖然我在 eBay 上花了很多錢，但是我一直堅守一個原則，就是不會花工作的血汗錢去買，我都是用股票賺來的「不義之財」來買。但是，我的家人都不肯相信我有切分得這麼清楚，都覺得我在亂花錢，真的是跳進黃河也洗不清。

二十多年來，我總共購入四百多個古董鐘錶，每個價值一萬元到二十萬元不等，還有鐘錶商開出二十倍的高價希望我割愛。然而，對我來說，每一個親手觸摸過的時鐘都是無價之寶，是非賣品。

穿越過去與未來的鐘

我收藏的第一座機械鐘是四明鐘。四明指的是鐘的四面都是澄清的透明玻璃，能夠毫無阻礙地欣賞時鐘內部，藝術般的擒縱結構與齒輪傳動，這座四明鐘開啟我與古董機械鐘的三十年情緣。

如今我敢自豪地說，幾乎沒有可以難倒我的古董鐘，但是時間回到三十年前，維修鐘錶可說是困難重重，碰壁是家常便飯，碰壁的原因不是因為技術不精，而是因為零件難尋，巧婦難為無米之炊。

不像今天，我可以透過網路，輕鬆地從世界各地買到各式各樣的鐘錶零件，三十年前沒有網路，資訊又不發達，買了四明鐘之後，我發現它的簧片壞掉，只能自己動手做，早上刮鬍子時，靈光一閃地讓我想到刮鬍刀的刀片，彈力與厚度正好是四明鐘簧片的最佳替代品。

我甚至穿越時光、回到未來，想到萬一在二十年後簧片又不幸斷掉，那怎麼辦？所以我還貼心地額外多準備了一個簧片備品，藏在鐘裡面，以防後人遇到跟我同樣的困境，二十年後的修鐘人一拆開四明鐘，肯定大為感動：「這個古人怎麼這麼好，把零件都預先準備好了。」

每一個古董鐘的設計，都有各自的特色與巧思，我有一款鐘叫六百年鐘（空氣鐘），顧名思義就是既不需裝電池，也不用上發條，完全無需做任何的動作或調整，就可以自行運轉六百年。物理學家認為世界上沒有永動的機構，但是六百年鐘的設計者卻做到了，設計者的智慧是利用溫差，在沒有其他因素的干擾下，可以行走六百年。

我很好奇設計者到底如何辦到的，將六百年鐘一一拆解後，心中盡是讚嘆與崇拜，設計六百年鐘的人，也許是傾畢生之力，又或許背後是一個三百人的團隊，他們的智慧結晶，我卻有幸在數日之內就化為己有。

肩負整個村莊的時間座標

法國寫實主義畫家米勒著名的〈晚禱〉，一對農民夫婦聽到遠處鐘聲響起，立刻放下手上的工作，低頭虔誠祈禱的情景，讓人動容，畫中農民夫婦聽到的鐘聲，就是來自於教堂鐘。在十九世紀以前，不是每個人家裡都有時鐘，更不用說手錶了，教堂鐘是整個村莊裡唯一的時間依據。

前一陣子我去到蘇聯的鄉下地方，當地還是習慣仰賴教堂的鐘聲來決定作息。教堂鐘最重要的功能，就是提醒大家到教堂做禮拜，村民都會很準時，魚貫地從家裡出發，彼此在路上遇到就親切的相互問安，我早上起來晨跑時，也尾隨著他們一起進入教堂，鐘聲將大家凝聚在一起的那種感覺很奇妙，這就是教堂鐘吸引人的地方。

時鐘王國中的國王

我總共收藏了七座教堂鐘，來自世界各地，其中一座從遙遠的布拉格飄洋過海來到臺灣，重達兩百公斤，我封它為我時鐘王國裡的國王，這個「國王」剛送來時可以說是一堆破銅爛鐵，不知道的人恐怕會資源回收掉，然而這在我眼裡卻是無價之寶，因為教堂鐘記錄了歷史與文明的重要軌跡。

眼前的「國王」百廢待修，為了恢復昔日榮耀，我特別找來嘉義高工的老同學幫忙，在基隆開鐵工廠的他擁有最專業的工具，二話不說，大老遠開車來臺北陪我做苦工，但是脾氣暴躁的我，因為他不小心弄壞零件就大發雷霆，結果同學居然還覺得罵得對，依舊常常打電話來問：「今天你有沒有空？有空我就過來弄。」仍然繼續幫我修復我的「國王」，前後長達半年，有這麼好的同學，我真是三生有幸。

好不容易，修復工程告一段落，鏽蝕的部分都已經用柴油洗淨，有缺漏的零件，也都重新設計打造，最後「國王」到底會不會走，我卻沒把握，我還記得那時已經是半夜三點，當我把「國王」架起來，就像房子的最後一個上梁動作，到底是失敗還是成功，哭還是笑，一

這是我時鐘王國中的國王——教堂鐘。

切都是未知數。

我知道那一剎那，我的表情一定很經典，因此我把老婆大人吵醒，請她幫我記錄這歷史性的一刻，結果照片出來是笑臉，如今的「國王」真的像個國王一樣，坐在特別訂製的黑檀龍椅上，三個鉛球作為重錘，自如的轉動著。

大部分的教堂鐘都是三個孔，功能分別是走時、報時、報刻。顧名思義，走時就是時間的運行，報時是每隔一小時就會鐘響，報刻則是每十五分就會有一次鐘聲。無論時間運轉到第幾天，厲害的設計者竟然能夠讓三種重錘都同步維持一樣的高度。

困難點在於報時與報刻消耗的動能完全不同：報時是每隔一個小時才耗掉一次動能，報刻是一個小時要傳動四次、消耗四次動能，走時則是每分每秒都要消耗，三種重錘的動能消耗完全不一樣，設計者居然可以完美計算它們所消耗的動力，讓它們維持漂亮的同步。一開始我還半信半疑，換了新的重錘，結果它仍舊維持完美的同步姿態，就是古董機械鐘迷人的地方。

關於鐘，我所知道的事

讓我深深著迷的古董機械鐘除了在工藝上的極致表現外，也在人類文明中占有一席之地。發條驅動的機械鐘誕生於十五世紀，後來因為航海導航對時間的精確性要求，帶動機械鐘的蓬勃發展、百家爭鳴。古董機械鐘曾在各行各業扮演重要的角色，銀行有金庫鐘、郵局有郵局鐘、馬車有馬車鐘、賽鴿有賽鴿鐘、船有船鐘等。

我也收藏了幾座船鐘，這要歸功於臺灣早期拆船業發達，許多船鐘因此流入臺灣，我曾經在嘉義的舊貨商店買到一座蘇聯驅逐艦艦長的船鐘，真是喜出望外。

我的前老闆嚴凱泰先生也有收藏船鐘，有一次他把我叫到辦公室，老闆就是這樣深藏不露，一進到裡面就跟我說：「幫我上發條。」船鐘的發條設計與一般的鐘不同，因為要防塵，所以要稍微移動外殼的角度才能找到上發條的位置，我上好發條後，嚴老闆忽然很佩服地說：「你連這個都知道洞在那裡。」我才知道他原來根本找不到上發條的入口，是要來考我的。

剛剛提到十八世紀初，當時每次船的出航都是航向未知，因為船長在海上只能依靠經驗跟星象判斷經度，船難頻發，當時的海上強國大英帝國也不例外，有一次他們的艦隊幾乎全軍覆沒，促使英國政府痛下決心懸賞二萬英鎊，相當於現在六百萬英鎊，尋找解決經度問題的方法，最後就是由發明船鐘的哈里森出面接招，他設計的船鐘能夠抵抗船體的搖動而依舊維持機構的精確度，成為大航海時代船員可以平安往返的定心丸。

手錶界的法拉利——陀飛輪跟船鐘的設計有異曲同工之妙，都是一場對抗地心引力的戰爭。船鐘是利用鐘體隨著船隻的搖晃擺動，因此能隨時保持水平，依舊維持精確度，但是陀飛輪略有不同，手錶是戴在手上，不可能藉由移動來抵銷掉我們手的活動、地心引力的影響，但是設計者的巧思征服了這個不可能，既然手錶不能轉動，那就在手錶裡頭下工夫，讓零件在裡頭自轉，抵銷掉地心引力的影響，陀飛輪的精妙更顯得不可思議，我看過很多大老闆都有不下數十支陀飛輪，但是可能都不清楚在他們手中不斷自轉的奧祕。

陀飛輪被視為錶中之王，不僅因為機構設計的智慧，還因為主要零件全部是手工製作，是製錶工藝的最高展現，但是應用在時鐘上就令人啼笑皆非了，我見過陀飛輪時鐘，但是時鐘不像船鐘和手錶處於不斷晃動的環境，被鑲嵌在時鐘上的陀飛輪並沒有抵抗地心引力的需求，只是畫蛇添足而已。

我在加拿大的古董店裡曾買到一個非常特別的時鐘，在任何書裡都找不到它的蹤影，我一開始買回來後也不太清楚它的用途，直到有一次在上海商銀上班的朋友來訪，他一看到就說：「江總，你怎麼會有我們銀行的東西？」

我趕緊問：「這都會用在哪裡？」

他說：「金庫啊！」我才知道它是銀行金庫的防盜鐘，而且是定時的，只要上鎖，在特定的時段內，例如周末假日都不能打開。

會買下銀行鐘是個意外，當時走進古董店看到銀行鐘，摸不著頭緒這是什麼，老闆很親切跟我介紹，這是他們半年前從隔壁的銀行買下來的，我將信將疑，畢竟從未見過，再加上我嫌價錢有些貴，第一時間就沒下手。

後來，又回去碰到他爸爸，也跟我說這是他們家隔壁銀行買過來的，兩位的說法都一樣，我完全沒有懷疑，開心的買下，但是他卻突然拿把剪刀把一個標籤剪掉，上面有價格和一大串文字描述，當下我的心都碎了，因為歷史就這樣被他剪掉了。

藏在鐘錶後的祕密

收藏古董機械鐘二三十年，我心中只剩下最後一個遺憾，就是神祕鐘，一是因為太貴，二是因為非常稀有，神祕鐘是由法國魔術師胡迪（Jean-Eugène Robert-Houdin）發明，就像胡迪在時鐘上施了魔法，指針看似懸掛在錶盤上，卻沒有傳動系統來連接機芯，也看不到機械裝置的任何痕跡。

新一代的神祕鐘更是神乎其技，華美的雕像豎立在錶盤上，手中持有的鐘擺看不見任何動力來源，依舊緩緩擺動，神祕鐘一如它的命名，每一次指針的移動，都在細訴一個參不透的祕密。

有些鐘的設計者很有個性，我有一個鐘老是測不準，花了五年時間，才終於知道錯誤不在鐘，而是在我。

這一個鐘買回來時只有心臟（機芯），沒有時針，也沒有面板，我把它放在辦公室，用一個光碟片上面畫一條線充當時針，跨掛在鐘上面，每天測試它是否準時，我常常懷疑是否我動作太大震動到它，或是清潔人員不小心清掃時碰到了，因為它老是走不準，前後長達五年，我千思萬想，總是不得其解，不知道問題究竟出在哪裡。

退休後，我有更多時間，終於為它裝上面板和時針，結果多年的謎題終於破解，原來它是一座逆時針鐘，跟一般順時針鐘不同，它從頭到尾都是反著走的，而且它不僅是顛倒走，它還是二十四小時鐘，一般的鐘走一圈是十二小時，它走一圈卻是二十四小時。

這讓我想起了我的偶像達文西，他留下的大量書稿、文字紀錄，全都是反著寫，這樣還不夠，它們還是「鏡像文字」，必須通過用鏡子反射才能順利閱讀。

二十四小時顛倒鐘，我也可以將它改成正向走時，對我而言，並不困難，但是我更願意保留原設計者的神來之筆，又或許我可以弄一個黑夜白天的新面板，一切都不無可能。

每次修鐘時，我總覺得自己彷彿穿越數百年的時空，回到過去，與鐘的設計者進行對話。於是我特地請人家訂製一個牌子，牌子上面刻有我的名字，每一座我親自拆解的鐘都留有我的簽名，我是在跟未來的人對話，告訴他：「這臺是阿伯修的」。但是被我太太罵：「你跟小狗一樣」。

我的每一座鐘，未來修的人一定會認識我，就像我認識過去的人一樣。每一個古董鐘就代表一個世界、一段歷史，更是一個設計者的靈魂。對我而言，它們都是無價之寶，我的夢想就是成立一間鐘錶博物館，讓臺灣的年輕學子都有機會能親眼見證人類文明的偉大與精彩。

收藏帶來的純粹美好

我從來不是專職的收藏家，甚至，對我而言，與其說是收藏，不如說是與美的靈魂相遇。

除了時鐘外，我最愛的收藏就是動章，每次看到動章這麼一小方天地，上面的浮雕竟然可以展現如此神妙的工藝與美學，我除了讚嘆不已，更是愛不釋手。

動章浮雕遠比立體雕像更加困難，它們是以平面超越立體，要在有限的空間裡承載最飽滿的情感，甚至是一個大時代的故事，歷史的跌宕起伏。無論是戰爭、祈禱、紀念，要呈現出人群的空間感、女神裙紗翩躚的輕靈、人物的輪廓、飾物的細美，方寸之間虛虛實實交錯的精妙絕倫，對我的肖像畫很有幫助，從浮雕的構面與構圖，可輕鬆學習創作者用什麼方式在解釋曲面。

手中的永恆紀念

就像我的古董鐘收藏一樣，收集勳章也非著眼於投資價值。勳章大都為銀製，難免會因為氧化而變色，但一般收藏家為了保值，很忌諱加以處理，然而我收藏勳章的起心動念純為美學，為了要欣賞浮雕的藝術之美，看清於極微之處的構圖路徑，我都大膽用牙膏水來洗。有趣的是，eBay 的賣家為了保值，通常不會處理鏽蝕氧化的分，使得大部分的浮雕都是霧黑一團，而我因為學過雕塑與素描，看的角度會更仔細，透過曲線轉折和布局比例，隱隱覺得應該會是很漂亮的動章，買下後一清洗，果然不出所料，這也成為我挑選動章的獨門工夫。

動章有很多主題，大都是出於紀念而鑄造，奧運、戰爭、偉人，然而我特別喜歡的是紀念親人的動章，言語難以傳達的哀戚之情都寄託在上面。

我有一個動章，是一個送葬隊伍，前面的人都依序走得很整齊，只有一位老婦，拄著拐杖，步履蹣跚，身形佝僂，落在隊伍後面有一大段距離，可以想見這位婦人必定是逝者的母親，白髮人送黑髮人的人間至悲，莫過於此。

東方也有類似的習俗，我爸爸過世時放在身上的銅板，我都有留

REPUBLIQUE FRANÇAISE
EXPOSITION UNIVERSELLE
PARIS 1900
REPUBLIQUE FRANÇAISE

著，民俗的說法是手尾錢，是前人留下的財運跟祝福，當然也含有後人的念想。

我媽媽過世時也一樣，留下很多金子，她生前，我曾跟媽媽說：「妳過世了以後，我會封侯封爵，對妳好的，我一定會分。」我後來也真的分送出去，看誰守孝來得勤，我就給他多些。其實這些紀念物，拿在手裡都不重，但心中的想念沉甸甸時，寄託一些在上頭，或許能減輕稍許。

勳章藝術家中，最偉大的可說是法國的羅迪（Oscar Roty）。一九〇〇年，萬國博覽會和奧運兩個盛大活動同時在巴黎舉辦，為了紀念這個跨世紀之初的非凡時刻，羅迪創作了銅板，一面是紀念萬國博覽會，花繁葉茂的枝枒延伸橫越巴黎之都；一面是紀念奧運，一位女運動員將火炬傳遞給和平天使。

我在大都會美術館，看到他的很多大型作品，非常震撼，燃起我想要收集所有羅迪作品的念頭。後來更發現在法國有一座羅迪專屬的博物館，親自走訪成為我退休之後必做的一百件事情之一。

歲月留下的時光寶盒

二十幾年前，我作為裕隆拓展中國市場的先鋒部隊，常至中國出差，而餘暇最大的享受就是尋訪古董店，後來養成一個壞習慣，每次出差都非要買個東西帶回不可，不然就渾身不對勁，覺得業績沒達標。但也不是一定要精妙的珍品，古董店裡的風物古玩琳琅滿目，我看上的反而是些不起眼的。

我有一個小鐵盒，盒蓋刻著樸拙的圖案，裡頭只有黑色的硬塊，

動章、紀念章收藏。

這其實是古人寫書法，研磨好的墨沒有用完，都會收集到一個小鐵盒，也稱集墨盒。我有大軍閥馮玉祥用過的集墨盒，也有沒有署名的。集墨盒吸引我的是蓋頭上的手刻圖紋，我有一個刻的是土地公、土地婆，看就不是名家刻的，更像是孩提時第一次拿到就興奮地刻上圖案，別有一番拙趣。雖然裡頭的墨早已結為硬塊，還有些發霉，但是一闔上盒蓋，歲月了無痕跡，只見樸拙的刻紋仍透露光華，好像主人隨時可以打開墨盒，提筆再寫。

有一次我甚至差點毀掉一件藝術品，只能自我安慰這是無心的罪惡。

我在一間古董店看中了一幅字畫，但我有心要殺價，所以跟老闆說我下次再來買，老闆馬上問我：「為什麼這次不帶走？」

我只能找藉口說：「我討厭上面有署名說要給誰。」

其實我不是嫌那幾個字，是暗指價錢太高，但是不好明講，回去仔細衡量後還是決定買下，去到店裡才發現老闆居然下毒手把那三個字刮掉，沒想到我一句話，會帶來這樣的結果，心中愧疚懊悔不已，捨不得一件藝術品被這樣對待，最後還是買了下來。

不忘初心，方得始終

收藏如果只是因為錢，會少掉很多樂趣，但是抱持著純粹對藝術的欣賞，時光流轉，物我合一，也才忽然發現時間已讓柳樹成蔭，那又是意外之喜。

猶記二〇〇〇年，我買了畫家南海岩的作品，他以藏族的人物肖像為創作題材，被風霜雕刻、日光曬得棗紅的臉孔，隨著筆觸帶出的些許朦朧，特別吸引我，一張十萬塊臺幣，我買了三張，南海岩感激涕零跟我說：「我賣這三張畫可以讓我在家鄉買一棟房子。」

時隔將近十五年，南海岩來到臺灣辦畫展，突然他的經紀人打電話聯絡我：「南老師想請問您有沒有空來看他的畫展？」

我應邀去了，南海岩一見我就劈頭直問：「你那三張畫還在嗎？」

我說：「在啊，怎麼可能捨得賣掉？」

沒料到他接著說：「好心有好報，那三張畫現在在臺北可以買一棟房子。」

我這才知道那三幅畫已經增值了六十倍，柳樹成蔭，是我當初始料未及的。

我收藏的藝術品，很多都是當下直覺漂亮便買下，還沒來得及細問創作的概念、意涵和背後的故事，都是日後慢慢琢磨其中的美，就像咀嚼著精神存糧，尤其退休後更多了深究的時間，所以我退休有忙不完的興趣，也有玩不完的樂趣。

PART
3

生命的寬度由你決定

意想不到的重開機人生

許多人因為擔心退休金不足，而患有退休恐懼症，遲遲不敢退休。前面文章，我已經分析過，退休所需要的花費，並不如想像中的多。事實上，擁有精彩而富足的退休生活，完全不需要花大錢。

退休後，我和孫子小亨利去看電影，排隊買票時，才發現我居然只需要買半票，搭公車、捷運，竟然也都是免費搭乘，年紀越大，享受的福利越多，我每個月的生活花費常常不到二萬元。

我和社區的鄰居好友，更發起「共餐俱樂部」，各自準備一兩道菜，每周三到五次，彈性自主，省錢已經不是重點，而是體驗共食與共享的快樂，大家聚在一起，天南地北的話家常、論古說今，讓行禮如儀的日常三餐，變得有聲有色、有滋有味。

有一次，前奧美廣告創意總監孫大偉請我去他辦公室附近的大稻埕媽祖廟吃飯，廟口前許多在地美味的露天小吃，我們點了一條魚，我小心翼翼的吃著，吃剩下的魚骨頭，就擱在桌邊，孫大偉看著我的吃法搖頭直笑說：「江總，來這裡吃飯不是這樣吃，太斯文了，你沒看桌子下面那隻貓，一直在求你丟給牠，在這裡吃飯，不吃的都要丟到地上，那是貓咪的地盤。」

果然是廣告才子，把人與動物之間的分工與情誼做了最精闢的註解，也點醒了我，這才是我要過的快意人生，而不是活在充滿條條框框的禮教束縛裡。

可惜天妒英才，大偉過世後，為了感念他，每年我都會找一天，去看看他的古蹟辦公室（現已經改為咖啡館），然後再繞去廟口點幾盤小菜，餵餵貓咪，回憶老友也警惕自己要永保赤子之心。

快樂不等於金錢

我生平第一次的自助旅行，是和畫家好友們的加拿大追楓寫生之旅；在蒙特婁時，當地有許多二手衣物市場，賣的是衝動型購物者提供的服飾，有些只穿一兩次，有的甚至連吊牌都沒剪，等於用二手價格買到全新商品，令我大開眼界，在賣場裡享受尋寶樂趣，帶回好多物美價廉的寶貝。

同行友人開玩笑說：「江總，我們買也就罷了，你怎麼也跟著我們買！」

我開心地說：「我穿這個覺得很舒服，這已經無關財富啦！嘉裕西服的總經理去買二手褲子來穿，我不覺得羞恥，我覺得那是一種環保，最主要是我覺得快樂啊！」

我很早就體悟到，快樂不等於金錢，身邊有許多比我富裕的人，但是我卻發現他們的快樂遠不如我。

我兒子曾經問我說：「爸，你對富裕怎麼定義？」

我告訴他：「要定義富裕很容易，可是要衡量快樂就難了。」

富裕的定義很簡單，當你想要某個東西，可以毫不猶豫、眼睛連眨都不眨就買了，這叫富裕。但是如何擁有快樂，尤其是有質量的快樂，就是一門很深奧的學問，快樂是很主觀、個人化的東西，很難用數字或金錢度量。

迷路為看花

在工作崗位上，我是非常注重效率與方法的人，但是，在享受生命的喜悅節奏時，我卻心甘情願「繞遠路」，只是為了去欣賞那一片秋芒或是盎然春意。

每一次從臺北出發到新竹工廠出差，我從不因貪快而走高速公路，寧願選擇迂迴、難走的山路，如那條曾在電影《魯冰花》中出現的蜿蜒山路，沿途風景如詩如畫，總令我陶醉其中，並且擁有一天的好心情，因此每一次出差我都很期待與新的美景不期而遇，實現「萬物靜觀皆自得，處處留心皆是美」。

在嘉裕西服的時候，我擔任針織公會青年領袖營的營長，十五年期間，我一直在傳遞關於美學的力量。許多會員是即將接下家業的第二代，但是我從不跟他們談論紡織或企管專業，請來的講者也不是企業家，而是像蔣勳等的藝術家、美學家。無論是企業管理或是個人生命，我認為都應該從美學的角度出發，提升生命的豐腴與廣袤。

上帝可以決定生命的長度，但是卻無法干預我們生命的寬度，生命的豐腴與否，是由自己所主導，拓展生命的寬度，可以透過品讀歷史，或是探索古意風華的古董、文物，我們的生命就不會只是局限在一方天地之內。

每次我修鐘時，常常感受到自己穿越時空與古人心靈交流的樂趣，拍攝昆蟲時，微拍和顯微鏡下的微觀世界，讓我大開眼界。看到了這麼多別人不曾認真看待的東西，對我而言，這才是生命真正的富有。

新的人生初體驗

人生許多的第一次，竟然都在退休後才發生，第一次搭捷運，第一次用雙腳認識臺北市，第一次自己訂機票。退休後，卸下頭銜與包袱，人生許多的第一次是從此時此刻才開始，我張開雙手，勇於嘗試，生命彷彿重生，只要願意敞開心胸，人生初體驗隨處是驚喜。

退休後，我才開始學搭公車，第一次搭就鬧出笑話，原以為下車用卡片嗶一下就能輕鬆過關，但沒想到怎麼弄都沒反應，司機馬上問：「你沒坐過公車？」

原來我一直把卡按在螢幕上，而非悠遊卡的彩色圖騰上，感應位置不對，當然不會有反應。連最簡單的搭公車都出糗，捷運更是大挑戰，蛛網般密密麻麻的路線，根本不知從何搭起，幸好經過念小學的孫子小亨利親自調教後，才粗略有了概念。

小亨利對於捷運如何轉乘或換線，瞭若指掌，所以我們爺孫倆出門，別人乍看是大人牽小孩，其實是小孩牽大人。

從網路跨入真實世界的情誼

退休之後，好不容易學會搭乘大眾運輸工具，除了行動便利自如，還有奇遇。

我常在臉書分享自己的寫生作品，有些網友按讚，甚至留言評價，予以鼓勵。但有一天這些圖像竟從網路跳到真實的世界，我居然在捷運上巧遇從未謀面的網友，雖說是網友，但不過是在彼此臉書互相按讚的點頭之交。

話說那次上捷運，一進車廂就覺有個人帶點面熟，不禁瞪大眼睛瞧他，而他也瞧著我，我乾脆就先開口：「你是不是謝先生？」

他馬上說：「江大哥，你怎麼這麼厲害，我們從來沒見過面，你還知道我姓謝。」

我也好奇他怎麼認出我來？他說：「我在《今周刊》上看過你啊。」

想不到《今周刊》的報導和學會搭乘捷運對我生活的影響這麼大，讓原本連一面之緣都沒有的網友，都能在捷運上相認。雖然我們當時講不到一分鐘，他就下車了，但從此有了更進一步的緣分，後來他在臉書上詢問我可否為他畫一張肖像，因為他一直希望收藏一幅自己的肖像，我自然毫不猶豫就答應了。

卸下主管身分的別樣精彩

再回想退休前的餐敘，多半四分之三是別人請客，四分之一由我買單。而我的祕書會安排一切，和誰吃飯、吃什麼菜，全先打點好，所以我只負責吃，吃完也不需要去結帳，因此連要付多少錢都沒有概念，這種日子我過了數十年。

各式料理中，我最愛日本料理，但退休後進了日式餐廳，才驚覺自己竟然連點菜都不會，明明知道有很多好吃的菜色，一張嘴卻連一個字也吐不出來，就連握壽司（nigiri）都不會說。

現在不同了，跟孫子小亨利出去玩，每到一個地方，有什麼好吃的，手機拿起來自己查，重新學習各式各樣的美食名稱，味蕾地圖加上文字描述，從此對食物的記憶更豐富也更完整。

初體驗的糗事還不只點菜這一樁，有一次與朋友開心相約去馬祖寫生，想到馬祖的戰地遺跡，對一向喜愛歷史的我來說，更是興致勃勃滿心期待。但直到臨行前才發現，因為大官做慣了，以為對方會幫我訂好機票，事後我再付錢即可。

結果到前一天，他很驚訝地說：「你沒買機票喔？」

我也很意外：「你沒幫我買啊？」

原來不只我沒買機票，他自己也沒買，因為他也以為我會幫他買好，這下我馬上反應過來：「對喔！你比我大！」

這件事情的確是我的錯，因為我比朋友年紀小，他又是大老闆，官做得比我大，我沒去主動確認，是我沒設想周全。

但兩個大男人只想到相約一起出遊，結果沒有先訂機票，各自都理所當然以為對方會買好，想起來真是讓人啼笑皆非。

看見不同，生活處處是小旅行

退休後，好多新鮮事物等待我去學習與體驗，譬如自助旅行，我第一次計畫去藝術薈萃的歐洲，全程不假他人之手，便讓兒子先教我訂機票、訂旅館。現在我的手機裡面都有兩個APP，一個是買機票的、一個是買車票的，自己從頭安排一切行程，這些都是以前跟團旅遊學不到的新體驗與新視野。

其實旅行不一定非得千里迢迢飛到國外，我退休後的另一個計畫，是用雙腳走遍土生土長的這塊土地。

我在臺北已經居住了大半輩子，但大都只停留在點和點之間的移動，來去匆匆恍若異鄉過客，不曾留下足跡。退休後，我才有時間慢慢品嘗六街三市、穿街走巷的采風樂趣。因此每個周末，我會選擇一個區域，如：中山區、松山區、永和區等，讓我的腳印散落在大臺北地區的各個角落，是運動，也是我跟城市的對話，沒有特定目標，就是走入其中，一步一腳印。

住臺北這麼多年，我從來沒去過南機場，那裡的房子現在看起來有些舊，但照規模來看，當時也算臺北一流的住宅，樓梯都是很漂亮的螺旋形。

我也重回赤峰街，當年從嘉義北上，第一個租房處就在赤峰街，當時的房門關起來，還可以從空隙偷窺到屋子裡的動靜，洗澡還要走到外面洗。如今鐵工廠依舊零星錯落，但是新增了不少文創小店與文青咖啡館，這四十多年歲月流轉下的城市軌跡，只有雙腳一步步踏過，才能留下最深的印記。

要體驗大臺北外圍新興城市的活力與節奏，永和也是我喜愛的踩街祕境，因為聚集的餐廳樣式特別多。一條街上，至少上百家的大食小吃，走不到一百公尺，滿滿的誘惑驅動心中大快朵頤的呼喊，所以一定要留著空肚子去。

還有隔壁的寶藏巖，可一步一攀看到完整的眷村生活痕跡，公館蟾蜍山也還留著空軍作戰指揮部的營區，只可惜門禁森嚴，不得其門而入。

多數人的人生上半場，為了生活、為了家庭汲汲營營，以前來不及體驗的，退休後都是等待挖掘的寶藏，人生重開機才能活得更盡情盡興；每一條巷子的轉角，都是另一番風景，都有意想不到的驚喜。

在退休後，還有機會重新體驗人生的第一次，是幸福，更是一種圓滿。

貪心的脫隊旅行

退休前，因為工作繁忙，我的旅行若不是趁出差之便，就是紡織公會所舉辦的國外考察，這種旅行多以團體行程為主。然而，我的旅行總是貪心的，因此每次旅行，我的行程總比別人更豐富，是表定行程的二．五倍。

許多同團友人看到我發的照片，都極為驚訝：「我們今天有去這裡嗎？我怎麼沒看到？」

「嘜憨了啦（臺語），江總自己去的啦。」

既是團體旅遊，我又何以比大家玩得多？看得廣？因為我比別人多了晨跑和晚跑兩個活動，總是早早五、六點就起床，趁吃早餐前，先來一段大約兩小時的晨跑，等晚上用完餐後，又展開一段晚跑，曾經最長跑過四個小時。其實，晨跑、晚跑都是藉口，無疑是想多玩、多看，無論找古董店或逛教堂與博物館，都是一場場意外和驚喜。

不求口腹之欲，但求精神滿足

有一次在布拉格的天文鐘博物館，導遊卻只是路過，完全沒有要進去的安排，我如何能夠錯過我最愛的古董鐘，當機立斷問了導遊下一個行程的地點，約定下一站會合後，我就脫隊去博物館買票，沒想到售票窗口還不收美金，只收布拉格幣，我又先到銀行去換了錢，折騰了好一會，才終於得償所願，親眼見到天文鐘的內部機械傳動。

團體旅遊的時間安排通常很固定，多訂在九點半集合，我會盤算古董店大概九點開門，我至少就還有三十分鐘的空檔可逛。於是乎，當別人慢慢享用早餐時，我已經多逛完一個景點。

記得有次去北京出差，前一晚即提前先跟同事說好：「明天我不吃早餐，要睡晚一點。」

其實真相是我一大早五點起床，攔了一輛計程車直往頤和園去。由於路途遙遠，一上車就跟司機約定好：「你要把路程和塞車時間都算好，因為我必須在九點準時回到旅館。」

到了頤和園要掏車資給司機，他倒也爽快：「跑不掉，回旅館再給我就可以了。」

就在朝陽初升的陪伴下，我飽覽了世界文化遺產的頤和園的秀麗與恢弘，當然也順利回到旅館，繼續下一個行程。

也常為了逛古董店或博物館，犧牲吃大餐的機會，對我來說完全不是問題；難得一趟國外旅遊，最怕把時間浪費在吃飯上，這一吃就是三、四個小時，前菜主餐甜點樣樣不少。

有一次，我才吃了三口，就受不了了，心想：「真的不願意這樣浪費生命。」轉頭便告知同事：「請幫我跟導遊說，我跑步去了。」我寧願買一個漢堡，去逛美術館。

有一次還更令我驚詫，一群人都到了威尼斯，卻沒安排總督府的行程。

我心想：「這簡直像去了巴黎卻沒到羅浮宮一樣。」想當然耳，我錯失了一頓大餐，卻換來了一整座總督府的藝術珍藏。

後來，連熟識的導遊都摸清我的習性，有一次拉我到旁邊說：「江總，我知道你又蠢蠢欲動，我跟你講，等一下在那裡吃飯、吃到幾點，我可以先帶你去。」

已是脫隊老鳥的我回他：「你告訴我怎麼走就行了，我可以自己去。」

四小時的冬宮夜跑

去過俄羅斯聖彼得堡的人都知道冬宮，大部分旅客都只是參觀裡面的收藏，但事實上，冬宮建築更是值得細細閱讀，它是俄國皇帝的宮殿城堡，呈現雕刻精緻而氣勢恢弘的巴洛克建築風格，如此具歷史代表性的建築，卻失之交臂，豈不可惜。

於是，我又展開晚跑計畫，用完晚餐，大家回房休息，卻只有我一人穿上跑步鞋，帶著一瓶礦泉水和手機，且基於安全考量，身上不帶分文，僅懷著早已準備好的地圖，按圖索驥，保證不迷路。

從旅館到冬宮，來回共四個小時，幾乎是從景美跑到天母的距離，但是這一趟夜行，把我一步步帶進了俄國壯闊的歷史深處，夜幕低垂、褪去喧囂下的冬宮，於暗黑微光之中，更見一種神祕的華美，令人窒息。

最長的一次脫隊紀錄是在德國慕尼黑，我跳過工廠參訪的行程，獨自一人搭火車先行到慕尼黑。在慕尼黑公園，左邊是慕尼黑的美術館，右邊是皇宮，我買了一斤櫻桃、兩顆桃子，外加一個熱狗，一個人坐在陽光煦煦的大草坪上，即席野餐，悠哉地看著過往的行人，吃完中餐後，再進入美術館，享受真正的精神大餐。

退休後，一趟加拿大寫生之旅，讓我第一次體會到自助旅行的自由與自在，加上同行友人都有共同的藝術愛好，從此我再也不用起早貪黑、偷偷摸摸地脫隊去逛我最愛的古董店、教堂與美術館。在大都會博物館，我們幾個一待就是三天，在歷史與藝術的大塊文章裡，酣暢淋漓，恍若失去了時間。

結合興趣的寫生之旅

退休的第一天，我拿出老早就準備好了的畫架、調色盤和畫布，跟幾位熱愛繪畫的同好一起去寫生，戶外寫生是我退休前朝思夜夢的念想，終於在退休後成真，逐步將東北角、三峽、宜蘭等美景都幻化成畫布上的永恆。

光在臺灣寫生還不夠，當畫友提議「北美追楓寫生之旅」，大家都躍躍欲試，我們都有一個共同特點：「雖不敢靠畫為生，可都熱愛繪畫」。我們年紀相仿，但是他們都比我更早追求自己的夢想，有的在退休前從事室內裝潢，也有人是高中美術老師，能夠一邊畫畫，一邊旅遊，又有好友為伴，人生夫復何求。

那年十月初，我們如期飛往加拿大第二大城蒙特婁一睹漫天楓紅，駕車一路往北追著楓葉跑，而就在一處轉過一處的駐足寫生之中，楓葉漸漸由黃轉紅，季節由秋入冬，北國繽紛不斷的遞變著色彩，如入夢境，讓人迷醉。

終日繪畫就是最好獎勵

每天早上，我們會開著載滿畫具和炊具的廂型車，尋覓可駐足寫生的地方，有時一待就是一整天，除了吃飯以外，都各自專心的畫畫。雖然接近零度的寒風凍得鼻涕直流，一隻手擤鼻子，另一隻拿著畫筆的手仍舊捨不得停下來。寫生是我們旅行的主旋律，繽紛的調色盤，隨著畫筆的遊走，不知不覺，北國的秋意已布滿於眼前的一方畫布。

中午餓了，就隨性於戶外野餐，拿出早上預備好的食材，以畫刀當鍋鏟、畫板變鍋蓋，手上的畫筆就是一雙筷子，將超市買來的印度餅煎得酥脆後，夾著堅果、水果一起吃，再搭一壺現煮咖啡，真是快意人生！

傍晚，夕陽西下也不是休止符，只見身邊的大師不慌不忙地拿著探照燈、手電筒繼續畫，一時之間，我竟像看到了梵谷的身影。據說梵谷也常在夜晚畫畫，他會戴著草帽，帽檐上都是燃燒的蠟燭。

他曾在寫給弟弟西奧的信中說道：「對我來講，黑夜比白晝更加鮮活而富有色彩。」

郭老師野餐獻技。

我還沒練就一身黑夜借光作畫的功力，只能在旁邊幫忙拿著手電筒提供光源，但我手裡難免晃動的光亮，反倒使調色盤、畫布、風景的視線光影變得更難以捉摸，真是越幫越忙。

一整天畫完，若大家覺得今日成績斐然，就會犒賞自己一頓大餐。餐廳裡二十種菜色任君挑選，

加拿大追楓寫生（南瓜園小屋）。

大吃特吃，價錢也不貴，一人一客大約三百塊臺幣。

藝術之美讓旅遊不只是旅遊

我們連選擇的旅館都與藝術有關聯，在紐約入住了一間只接受藝術家旅客的民宿「布魯克林藝棧」，每人一晚只需五美元，還能跟來自世界各地的藝術家交流，真的是藝術家最好的歇腳驛站。

來到紐約，美食、景點都非行程安排的焦點，我們唯一目標就是嚮往已久的藝術殿堂——大都會博物館。這一逛就是三天，一件件瑰寶毫不設限地敞開它們的真實與內在，研讀每件藝術品背後的故事，細細反芻，涵養遠比繪畫技巧更重要的藝術底蘊。

同行友人非常認真，用高解析度拍下每一張畫作，連局部細節也都完整記錄，然後分享給大家。我們幾位同好因畫結緣，相識時間不長，但因彼此志趣相投，一拍即合，四個大男人天天吃住一起，竟從未吵過架，而且彷彿帶著一種默契，只要遇到無法決定的事情，他們就說：「江總你決定！」

我們已經開始計畫下一次藝術巡禮，在巴黎 Long Stay。我曾經誓言，若能在巴黎生活三個月，則此生無憾矣。徜徉在歐洲，不時拾筆寫生、遊逛博物館、穿梭古董鐘錶店，這樣的夢想似乎很近了，我甚至連如果在歐洲買古董，買到行李裝不下，要怎麼便捷的寄回臺灣的方法都已經想好了。

這趟藝術寫生之旅開啟無限可能，讓旅遊不再單純只是旅遊，每一首旅行樂章，倘若能夠加入興趣為主旋律，將譜出最獨一無二的協奏曲。

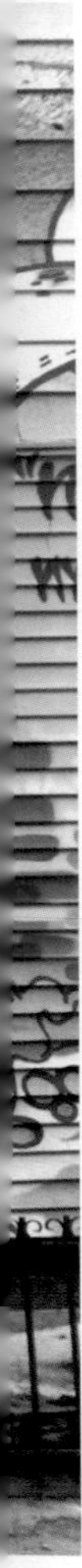

左起，依序為郭建疆、傅彥熹、江育誠、許進風。

情牽祖孫三代的輪子之旅

一趟北美追楓寫生之旅，也讓我發現興趣不單只是興趣，還可以結合旅遊，旅遊不再只是走馬看花的吃喝行程，而是結合興趣所散發出無窮的樂趣，甚至我的孫子小亨利，也愛上興趣結合旅遊的無窮樂趣，透過興趣，也串起我們祖孫之間跨越世代的情感連結。

小亨利從小就對「輪子」情有獨鍾，一到假日，他常常會跟我說：「阿公，我們去搭火車。」我們祖孫倆的「輪子之旅」，往往沒有目的地，甚至不喜歡有目的地，到了火車站，哪一部先來，我們就搭哪一部。

不求速度的純粹搭車之樂

一般旅行是越快到達目的地越好，小亨利卻相反，他喜歡慢一點、久一點，越迂迴越好，譬如從臺北火車站只要搭一班公車二三六就可以直接回到景美，小亨利卻會說服我：「阿公，為什麼我們不去南港搭？」於是從南港坐到SOGO，再轉車回到景美。

小亨利的輪子之旅，不在乎

時間，不管目的地，只為享受純粹的搭車樂，搭乘的交通工具種類越多越精彩。

有一次我們搭乘高鐵要去彰化的扇形車庫[13]，結果一下車，才發現高鐵彰化站不是在彰化，而是在田中。

我說：「小亨利，你旅行功課都沒做喔？這裡是田中耶！」

他竟開心的說：「很好啊！那我們就有機會再換小車，從田中坐去彰化了啊！」

最瘋狂的一次是一天之內總共搭了六種不同的交通工具，我們坐高鐵到新竹，在新竹又轉乘到內灣搭小火車，小亨利還如數家珍講解車種：「我們現在坐的是微笑號，等一下要來的是阿福號。」

13 彰化的扇形車庫庫房建物以調車轉盤為中心，呈十二道放射狀形成一座半圓弧狀車庫。屬於日治時期遺留下來的產物之一，目前為臺灣唯一保存的扇形車庫。

直到我們踏上第六種交通工具時，小亨利還很興奮地跟我說：「阿公，我們今天運氣真好，最後一種竟然被我搭到！」我還摸不著頭緒究竟是哪一種，原來我們搭上的是電動公車，「電動公車跟一般公車還是差異很大喔！」小亨利一眼就認出它不是一般的公車。

小亨利是道地的鐵道迷，一部火車的動力來源是蒸氣、柴油，還是電力，或是時間年代，都難不倒他，甚至連火車跟火車之間連結的帳篷是哪一種型態，他都瞭若指掌。

我常常覺得自己像是陪著

一位小交通部長四處巡檢臺灣的交通運輸。

每次一上火車，小亨利就會說：「阿公，我要小便。」其實他不是真的要上廁所，而是要去檢查衛生條件以及設備，他一從洗手間出來我就問他：「幾分？」

他說：「九十八分」，在他心中自有一套評分標準。

國小四年級生的旅遊規畫

今年暑假我答應他要來一場環臺輪子之旅，我把行程全權交給國小四年級的小亨利規畫，包括景點安排、交通工具、下榻的旅館……

我跟他說：「阿公退休了，沒什麼錢，旅館只能找二千塊上下的……」他非常認真，還去圖書館借了全國旅遊景點做功課，足足準備了三個星期。

我們一開始的計畫是搭火車環島，臺灣西半部大約有一百多個火車站，小亨利從中挑選了二十幾個火車站要一一探訪，但是後來他發現有很多地方，火車到不了，很可惜，所以他立刻改變計畫：「阿公，

我們改成開車」。

不巧，後來我重感冒住院，行程被迫延期，我告訴他：「阿公雖然生病，你還是把你的規畫拿來醫院跟阿公報告。」

他的報告果然有條不紊：「第一站是桃園的哪裡，第二站是……」

小亨利很喜歡彰化的扇形火車調度站，這是鐵道迷的朝聖之地，圓形的邊上，一條條鐵路並列著，中間的圓有一個機具可以讓火車轉向，不管是出車或是入庫，都不會不順。

但這次小亨利好像有點失望，因五年前他來過，這次一眼就發現不對勁：「我印象中，蒸汽火車頭應該很多啊，這次來怎麼只剩下一、兩個而已。」

仔細環望四周之後，小亨利還是肯定地說：「就算只有一個，我還是感覺比上次好很多。」因為整個環境跟火車保養都大有改進。

愛就是寧願和你一起跑

有一次去北海岸，意外看到由八斗子車站改建成的鐵道腳踏車，他們將原本的火車鐵軌保留下來，但把火車改裝為兩人騎乘的人力腳踏車，沿著鐵道可以看到北海岸的藍天和浪濤，如此妙想天開的車輛創意組合，「輪子之旅」絕不能錯過。

但到了現場才知道這只能網路預約，現場只能排候補，排了一陣子，終於輪到我們了，沒想到居然只有一個位子，我就跟小亨利說：「你上去坐，阿公跑到終點去等你。」

從起點跑到終點大概有一．六公里，後面還在排隊的人聽了都大喊：「還有這種阿公！太感人了！」

但是小亨利並沒有二話不說就衝上去，他很講義氣的說：「不要啦，要就兩個人，不然我們就兩個一起跑。」我的心突然湧起一股暖流。

我們兩個決定一起跑到終點站，當時我還跟小亨利說如果跑得夠快，到那邊就可以先排在其他人前面，果然如我所料，我們排到第二個，很快就騎到這獨樹一格的腳踏車了，雖然邊騎的時候，雨忽然就下了起來，但是把原本可能放棄的事情完成了，而且還是跟小亨利一起完成，那種高興是大雨也澆不熄的。

回到家後，小亨利的媽媽傳了幾句感謝的話給我說：「這都是小亨利睡不著，一直叫我寫的。」小亨利的感謝，帶給我莫大的幸福感。

興趣牽起我跟小亨利的祖孫情，小亨利不但愛輪子，也愛我的古董鐘，他最愛幫教堂鐘上發條，他說：「阿公，這些以後都給我好不好？」而且我和他協議好，以後如果要賣的話，一定用美金計價。

我的祕書送我一個稱號「宇宙超級爺爺」，她開玩笑地說：「小亨利上輩子是拯救了地球嗎？不然怎麼能遇到這麼好的爺爺！」

因為興趣，跨越了我與小亨利之間年齡文化的代溝，串

起祖孫不同世代之間更深刻的情感，不只是所謂的含飴弄孫，有了興趣的加持後，我們祖孫情更繽紛多彩。

動手做的樂趣

我喜歡修鐘，因為拆解修理的過程，我深深體會動手做的樂趣與滿足感。家裡的電器壞掉，我第一個想法不是抱怨又要破費買新的，而是尋思要去哪裡買材料修好它，但是我太太不太理解，為什麼不管什麼東西壞了，我都伸手想修。

「冰箱壞掉你也修，電視你不會也想要修，音響也自己弄，有這麼多時間幹麼不去做別的事？」太太常常這樣說。

我只好開玩笑地說：「吾少也賤，故多能鄙事。」別人打麻將防老年痴呆，我是修東西防失智。

有限資源帶來無限創意

還記得年輕時，我剛從嘉義上來臺北求學工作，魂牽夢縈想要有一套自己的音響。窮學生沒有能力負擔一臺全新的，我就自己找設計圖，畫電路板、蝕刻電路板、鑽洞、插零件，從頭到尾，都是自己ＤＩＹ，連喇叭都是我自己騎摩托車去中華商場搬回來的。

我還記得當時我是無照駕駛，摩托車後座上載了兩個喇叭，這再明顯也不過，經過總統府果然被攔下來，馬上被開一張罰單。現在我每次經過總統府都會想起這張罰單，千辛萬苦自己ＤＩＹ省下的一點錢，沒想到一張罰單全部又上繳了回去。

大部分的電器故障，通常只是某個零件磨損、鬆脫或卡住，都不到需要宣判死刑的地步。譬如CD唱盤退不出來，一般人兩手一攤就丟棄了，其實故障原因很簡單，其中一條橡皮老化、鬆掉了，一條橡皮條才三十元，換上去馬上正常運轉，花三十元就可以把一臺十幾萬的播放器救起來了，為何見死不救呢？因此只要有人CD唱盤壞掉的，我都會跟他說：「拿來，我一定幫你修好。」

我的兩個兒子都是念電機系的高材生，但是電腦壞掉二話不說就丟掉，馬上就去再買一個回來。

我忍不住問：「你們是念電機的，難道不想看看哪裡壞掉可以修？」

我兒子馬上潑我一盆冷水：「沒有人在修那個。」

現代人已經習慣用金錢解決所有問題，或許贏得效率，但卻浪費更多資源，也失去動手做的成就感與樂趣。

不怕繞遠路的人生

喜歡動手做、動手修的我，連孫子小亨利的PS2，我都是刻意到跳蚤市場去尋覓故障的二手貨。有一次，正好在福和橋的二手市場看到三臺PS2，我一口氣三臺都買下，作為備用零件，以備不時之需。

如果要省力氣，只要花兩千五百塊就可以買到一臺二手堪用的PS2，甚至PS2已經不是最新的機型，但是我依舊選擇PS2。因為我想要穿梭時光，回到那個PS2蔚為風潮的年代，之後再慢慢升級，花兩千五百塊，我可以很有效率的達到目的，但是截彎取直後，我就錯失了探究PS2內部構造的機會，也會錯過在維修的過程中可能發生的各種驚喜收穫，這些都不是金錢可以計價的。

跟小亨利在一起，給了我很多摸索新事物的機會。小亨利到夜市喜歡玩彈珠檯，每次都玩到停不下來：「阿公，不夠，再給我五十塊，再給我一百塊。」因為他想累積五百分換一支自動步槍。

後來，我乾脆就買一臺彈珠檯回來，這樣還比較划算，一臺才兩千五百塊，玩幾次就回本了，更何況彈珠檯買回來還有附加價值，可以研究內部構造，也是因為這樣我才知道，一臺簡單的彈珠檯還可以調整中獎率，譬如說我可以調成十倍，丟十塊錢進去只要中了，就會掉一百顆，一顆也不差。拆解彈珠檯的經驗，激發我的靈感，彈珠檯只要稍加改良，就可以變成放在菜市場自動找錢的便民裝置。

花費的時間才是與眾不同的力量

我動手做的精神，還延伸到植物，我一直很喜歡生命力強盛的多肉植物，只要一小片葉子就可以生生不息，所以我如果碰到別人家種的多肉很漂亮，就會忍不住按人家門鈴：「一片就好。」

從陌生人處分得母株的一小葉片種下，從零開始再逐漸枝繁葉茂，頗有老子《道德經》的意境：「一生二，二生三，三生萬物。」

願意花錢的話，一盆多肉植物只要二十塊就可以買到了，我太太常常跟我講：「你拿了五百塊去花市可以買二十盆回來。」

雖然五百塊可以買二十盆，可是跟我自己每天親手澆水、培土，從一小脈葉子養成一整片綠意，意義可是截然不同。

原本計畫在淡水八里家中的陽臺牆上布滿植栽，盆架都已經訂製好了，只可惜淡水的風太大，土壤都被吹走，植物缺少保護根本沒辦法存活，目前我的多肉計畫已經轉移陣地，打算在臺北舊家，重啟爐灶，相信很快就可以「一生二，二生三，三生……」。

幸福退休計畫表

人生就像是一道數學題，退休也要十年磨一劍，應該要提早十年規畫，每個人都應在五十歲時就要啟動人生的退休練習曲，才能掌握人生最美好的黃金十年。並且以「一萬小時法則」練習規畫自己的興趣，必須把退休當作是重大志業經營，退休後的生涯才能再攀黃金新巔峰！

根據人生黃金時間公式，臺灣人平均壽命為八十歲，在八十年中，每個人只有兩次的黃金十年，一次是潛力無限的十歲到二十歲，一次是無拘無束的六十五歲到七十五歲。減去最後五年必須面對的衰老、病痛期，人生最醇厚、精華的歲月就在告別職場之後的十年。

辛勤地在職場上打拚數十年後，能夠重新掌握自己所有時間的自由感，像是長久的沉悶後，終於迎來一陣沁人心脾的風。但是忽然重獲的自由，可能因為沒有計畫，變成茫然不知走向何方，就怕得來不易的退休人生，像是斷線的風箏亂飛，缺少一雙把它抓住的手。

如何才能好好把握這人生黃金十年？依照「一萬小時刻意練習，可以變身專家」的概念，在法定退休年齡六十五歲之前，就要花一萬小時來磨練興趣，假設每天二到三小時，總共需要十到十五年，時間落點大約在五十歲。

以專案計畫推動退休執行力

如果說退休練習就像專案執行，快樂退休練習也有其黃金法則，我把退休分為興趣、健康、時間規畫、理財等四大面向，並且把退休當成是一項志業，勾勒願景，才有達標的熱情與動力。

退休人生不只要提早計畫，還要提早練習，我很早就意識到一定要規畫自己的黃金十年，因為希望能用興趣為退休生活增色，所以我毅然在中年走進師大推廣中心學畫，一次就將學費繳齊。

退休練習一▼彈性調整時間做準備

我六十三歲才退休，對五十幾歲走進師大的我來說，退休其實還很遙遠，但是我必須先嘗試看看，才能知道我嚮往已久的繪畫是不是真的適合我，提早開始是為了要預留試錯的空間。

很多人可能會覺得在五十幾歲，將工作之餘的時間分給興趣，在職涯巔峰的時候開始為退休生活熱身是不可能的任務。

但退休練習曲最重要的練習就是時間的分配，彈性調整工作與興趣的比重。在職涯巔峰，最缺的還是時間。為了讓退休專案可以落實，當工作與興趣衝突時，前五年以工作優先，後五年則可以慢慢調整為以興趣優先。

決定習畫之後，一個星期，我只安排兩個晚上的繪畫課，其他五天還是留給工作。當時，我在心底給自己一個期許，繪畫課絕不缺席，即使遇到國外出差，我也會盡量趕回來上課，好幾次都是直接從機場飛奔到畫室。這也是逐漸非正式地向公司內部宣告，自己這兩天晚上不排公事，慢慢地，老闆和同事就會接受這個訊息，有默契地盡量避開這個時段洽談公事，讓興趣逐漸從忙碌的工作中佔有一席之地，彼此互相適應。

擔任高階經理人，時間調配比較有彈性，但是責任也更重大，但是如果以十年的時間來養成一個默契，一切就會順理成章，所以必須用「十年磨一劍」的時間來慢慢打造。此外，趁著職場巔峰時期順水推舟，才能充滿衝勁。

退休練習二▼依夢想、專長、實用選擇興趣

接下來，就是退休練習曲的重頭戲，如何選擇興趣？

首先依夢想、專長、實用性，我分別選擇了繪畫、鐘錶修理及昆蟲攝影三種興趣來練習，繪畫是我的夢想，修理時鐘是我機械專業的延伸，更是我快樂的泉源，拍攝昆蟲則是我爬山的促進劑，是為了健

康。

這三個興趣分別代表我生命中不同的面向，多元興趣讓自己可以隨時自由轉換軌道，也可以讓生活的精彩度與豐富度乘以三倍！

退休練習三▼積極走出戶外，爬山運動促進代謝

培養一項與健康有關的興趣，積極走出戶外，打造有氧的退休生活是退休練習曲的第三門功課。應酬多的上班族難免有高血壓、高血糖、高血脂的「三高」問題，加上長時間久坐，運動量明顯不足，核心肌群萎縮。我曾經有「三高」警訊與家族性的心臟問題，因此我選擇爬山，可以依體能調配速度，提高肺活量和肌耐力，並促進新陳代謝。

從二〇〇七年至今的十年間，我已經成功攀登了十座名列百岳的

大山，臺北市郊的觀音山和大屯山，更已攻頂三百次以上！三高問題也因此不藥而癒，退休後體檢，身體狀況比上班時還要健康有元氣！

退休練習四▼簡單穩健的財務規劃

退休生活要有餘裕，維持穩定的現金流是重要的練習，前面介紹過，我的理財方法只有一個準則，就是越簡單越好。現金存款利息及勞保月退金、每個月至少有三、四萬元的被動收入，我和太太兩人退休後一個月開支，約以五到六萬元的固定生活費計算，每個月只要再貼上兩萬元存款就綽綽有餘，其他股票如果有多餘獲利，則可安排一兩趟國際長程旅行。

找到退休生活的規律

真正退休之後，我簡直比上班時還要忙、還要快樂十倍！每天睡覺前就滿心期待隔天要做的事，早上起床時便興致勃勃地展開一天。

退休的每周行程，我特意分成「感性創作」「理性維修」「親情與社交」三個時段。

周一到周四，是我的藝術創作日，上午在屋裡琢磨畫藝，思索如何再精進突破；中午準備畫布和擠顏料，下午則與畫家好友們走遍大臺北郊區寫生，每日可畫兩幅作品。畫好便不再修改，一來是忠實記錄當時的心境，二來是覺得每次回頭改，總成畫蛇添足。

周五則為鐘錶修復日，在三百多個古董鐘錶的環繞下，讓我細細回顧每個鐘錶的歷史軌跡，精密檢視背後的設計與故障的原因，再上網尋找合適零件。待零件到貨，馬上組裝，使其恢復運行，並測試時間準確度。

周末則是我的家庭日與社交日。我會和太太、兒子、兒媳、孫子們相聚吃飯，共享天倫之樂；或是和太太兩人來一趟大臺北的采風之旅；甚至是與孫子小亨利的輪子之旅。

退休黃金十年，最珍貴的價值在於可以專注的「做自己」，一圓兒時魂牽夢縈的夢想、探觸職場上未曾體驗過的境界，我是在退休後，才真正感受到自己人生的完整。許多人雖然嚮往退休美好生活，但是永遠只停留在嚮往，而沒有進一步行動。

事實上，提早退休不僅讓人生更精彩與圓滿，更可以促進社會的世代交替，否則拖著拖著，年輕的一代將變成失落的一代，失去他們揮灑的空間。

我因為學繪畫，身邊有很多年輕的師範大學藝術系的同學，很多人都找不到教職，就是因為資深的教授延後退休，再加上年金改革，世代交替問題日益惡化，年輕人沒有機會發揮所長，國家的未來如何有希望？

為了把機會留給年輕人，更為了把握黃金十年，大膽圓夢，讓摯愛的妹妹與優秀卓越的裕隆前董事長嚴凱泰先生的遺憾不再發生，我希望大家不要猶豫，拿出紙筆，把人生未竟的夢想清單一一列出，退休前就要開始築夢，我願意傾畢生之力，傳揚「生命要及時，愛更要及時」的福音。

希望每個人的退休黃金十年，都不再有未竟的夢想，讓臺灣的熟齡社會充滿圓滿與幸福。

附錄

一鐘一世界

船鐘

船上計時器，又名航海鐘，在十八世紀船鐘在大航海時代極為重要，以前沒有衛星定位，鐘如果不準的話，船無法知道經度移動距離，容易偏離航道，甚至觸礁。只有精確的計時器才有辦法解決經度測算。我很幸運在臺灣拆船業發達的年代，買到了三座蘇聯時期的船鐘，甚至也在拍賣市場買到一座英國戰艦艦長所使用的精緻又精準的船鐘。

皮套鐘

掛在馬車上的時鐘（Carriage Clock），專門為貴族出行設計的鐘，包裹在奢華的皮革中，彰顯身分與品味，又稱「馬車鐘」。第一款皮套時鐘由寶璣為拿破崙製作，拿破崙訂了一批馬車鐘給軍官們，讓軍官行軍在外仍可準時集合。我收藏的第一個馬車鐘，連掛的繩子都還留著，保住它留有汗臭味的年代痕跡。

賽鴿鐘

賽鴿的人都知道，這是比賽時人手一臺的賽鴿鐘。賽鴿爭分奪秒，鴿子飛回來卸下腳環，讓鴿鐘打印返回時間，再根據此紀錄紙條去比賽中心登錄，領取獎金。我相當喜歡它的設計，除了有防拆解開封以防作弊的功能，同時具備時分秒的一般鐘錶顯示功能，且能以數位數字打印時間存查。

銀行鐘

用於銀行休假期間，利用定時計時鐘以避免任何人以鑰匙開啟。這類定時鐘皆製作得精密牢靠。我在銀行界的朋友問我：「你怎麼會有我們銀行保險庫才有的東西？」我才推敲出它獨特的使用需求。

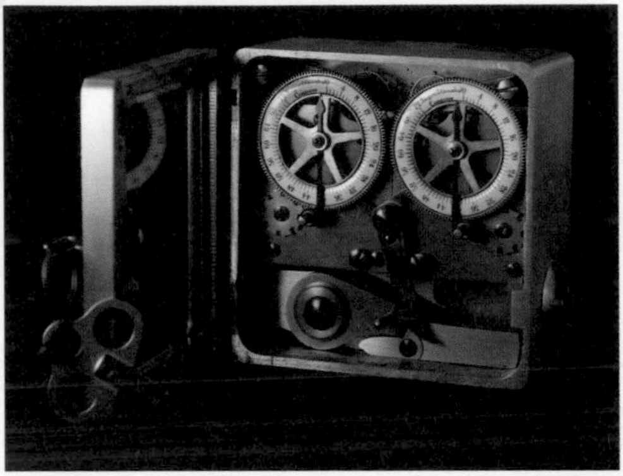

郵局鐘

一種與鴿鐘類似的特殊用途鐘。除了有一般鐘錶盤面顯示時間的功能，同時能透過印鈕，讓時間以數字的形式打印在信封上。

教堂鐘

大家都曾注意國外教堂尖塔上的報時鐘，我最驕傲的是從布拉格買回一座巨大無比的報廢教堂鐘。

這是很大的冒險，既不知設計圖案如何，也不知零件缺了多少。後來與我高工同窗好友，一同花了三個月時間修復，為了顯示它的尊貴，我請好友幫我用黑檀木製作漂亮又堅固的基座，讓它在家裡正位恢復生機、重新計時，堪稱是我時鐘收藏中的國王。

滾珠鐘

滾珠在平臺的槽位上來回滾動，平臺隨著滾珠的重量傾斜，機構設計的巧思令人驚嘆，我曾經和一臺滾珠鐘對戰許久，苦苦找不到故障原因，後來發現僅僅因為滾珠摩擦係數的微小差異，就導致時鐘無法正常運轉。

同步鐘

學校最需要這種同步計時的工具，讓每個教室裡時鐘不會快慢不一。同步鐘有一個精準的主鐘，安置在教務室，然後以脈衝傳遞訊號至每個教室，讓每座時鐘都同步。

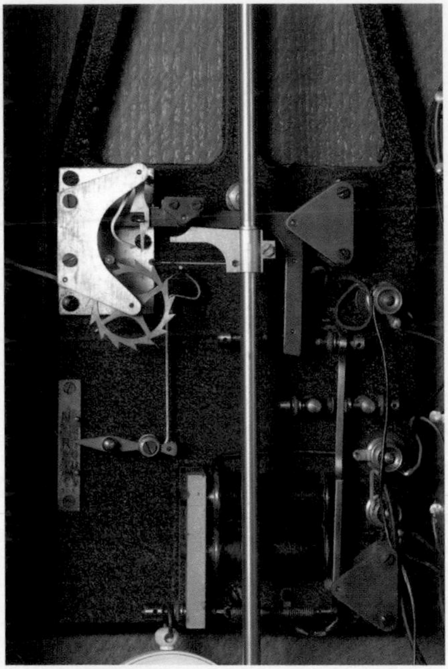

神祕鐘

很難察覺，雕像手中握有的懸吊擺錘為來回擺動的動力來源。它是我古董收藏中最後一塊拼圖，有一回我在歐洲旅遊晨跑時，在一家尚未開門營運的古董鐘錶店駐足許久，只能留下照片來擁有它的記憶。

磁力鐘

磁力鐘是利用弗萊明右手定律，磁場與磁力方向原理設計出來。我為了修好一座磁力鐘，又回去讀了物理，連線圈我都自己重新繞製。

蒸汽鐘

靠蒸汽推動齒輪轉動，在北海道小樽，我看到一座很漂亮的蒸汽鐘，當下就被迷住了，連同行的友人離開了都沒注意到。

斜坡鐘

利用斜坡的高度差位移，以反作用力的煞車力量來啟動時鐘，乍看就像一座不願下山滾下斜坡的時鐘，如果以影片縮時攝影，就可以看到它走動下坡，盤面永遠不動的精巧設計。

陀飛輪

陀飛輪是藉擒縱機構不斷的自轉與公轉設計與精密加工，克服手錶或懷錶因配戴方向隨時改變，造成地心引力的影響使時間失準，為跨世紀產品。有一些廠家把它設計在固定的座鐘上，竟然也有買主收藏，除了觀賞性外，陀飛輪對座鐘是畫蛇添足的設計。

省力機構下的滑輪鐘

這個鐘存世沒有幾座，是利用多組滑輪來減少產生驅動動力，這是獨立設計師的傑作，很華麗又可慢速觀賞擒縱動作。只是組裝複雜，無法被大量使用，我仍然很珍惜擁有這座據說是哈佛教授的傑作，買的時候，賣方特別叮嚀只賣給有信心能再次啟動它的人。

八音鐘

可以打出八個 key 的聲音。我收藏的這座已經一百五十年了，前人用黃楊木做了蓋子隔絕空氣，至今保存得跟原廠出來時一模一樣。

空氣鐘

是幾近永動機構的實現，利用溫差，設計兩種不同膨脹係數的金屬環圈，互相推擠，產生動力，再以細緻的鋼索，自由環繞轉動，消耗最低動力，故只要每日溫差有一度，即能運轉一天，不用電池，不需上發條，理論上，可以走上六百年。

四百天鐘

前面曾經提到過的四百天鐘，上一次發條就能走四百天的時鐘非常少見。

四明鐘

四面透明讓時鐘成為內部零件的轉動都可以賞玩的藝術品，機構的智慧跟師傅親手磨鍛的零件之美一覽無遺。

最小的鐘

鐘錶師傅用剩下的懷錶零件設計成鐘，說它是最小的鐘或是最大的錶，都名副其實。

立鐘

早年臺灣大富大貴的人家裡才有，從木頭的用料到內部零件是機器沖壓，或是師傅手工磨洗的，價值差異極大。

最薄的錶

全世界最薄的手錶，發條極細，某次我不小心弄掉它的發條，花了兩個小時地毯式搜索也找不到。

三問錶

能夠同時走時、報時、報刻的錶，多半供盲人使用。

附錄

大人進化論
江育誠×李偉文

整理／白宜君

要成為理想的大人有多難？從初入職場到年過中年，生活除了身不由己，也試圖找到自己。什麼都不可能陪你一輩子，每個人都必須學習安頓生命中的那些無所適從。

江育誠曾是嘉裕西服前總經理，也曾是身兼七職、叱吒商場的高階經理人。即將六十歲的李偉文，則是能寫、能主持、還能讓人安靜張嘴的專業牙醫。他創立荒野保護協會，致力於生態保育與分享人生。

讓這兩位近似模範的大叔代表，談談關於人生的那些事。走過生涯大半，如何從練習開始、掌握與趣並量化目標，才能越忙越起勁、越活越過癮。

從迷惘到清晰——對工作和人生的想法

江：活到現在，我的人生意義已經很確定了，每個人的人生都會走到一個時間點，有一天你突然決定再也不要販賣靈魂了（笑）。

認真說起來，我工作上所發揮的價值感與成就感一直都給我很好的回饋，但大概就是五十歲前後，真的突然有一個念頭閃過，「這樣一直工作下去，最後我會剩下什麼；當我退休後，到底算不算活過？」這個想法久久揮之不去。

五十歲左右，是我時間被「塞得」最飽滿的一個階段，正職與兼職加起來共有七份工作，每天一定超過十二點才會到家。如果在我工作量那麼大的階段，便可以開始耕耘自己的興趣、持之有恆的去做，並把這些經歷如實記錄下來，那麼二十年後，我就可以成為一個模範，告訴所有人這是做得到的。

剛開始只是一個想法，生活不該只是工作，生活應該有興趣去平衡。沒有想到拍攝昆蟲、修理鐘錶、繪畫所帶給我的快樂根本沒辦法衡量。

以拍攝昆蟲為例，工作大部分的時間，我跟一般人都一樣，並不會天天愉快，但在拍攝的過程中發現，昆蟲的求生比我們困擾。蟹蛛每天都要欺騙敵人才能夠享用餐點，原本的我嫉惡如仇，但是開始拍昆蟲後，人生都是美妙的。捅我最多的人，我越感謝他，在心中把他當作惡菩薩。因為越發現我的存在價值，這是真的。

李：我覺得工作開不開心，也不是忙的問題，只要你想做就不會累；不想做卻一定必須做，怎麼簡單都會很累。所以年輕人面對工作，第一個是要改變自己的看法，要催眠自己說「我喜歡這個工作」，每天催眠會有效，不然會更累。如果這個工作我很喜歡，就不會那麼累，否則就是要增加自己的能力，讓選擇權與主動權變多。

充實自己、增加選擇權，如果還做不到的時候就催眠自己。

不論喜歡不喜歡工作，一般人在五十歲左右，真的就會問自己，「這個世界上有我、沒有我真的會不一樣嗎？」對生命價值打上問號。

五十歲左右，職場上的衝刺大概已經到了頂點，就算還沒到，也可以預期接下來的發展。也會是在這個階段，人不得不去思考當有天離開了職場，這個沒有你的職場仍然會持續地、穩健地運轉，其他人接手後的工作說不定還做得更出色，那「我」存於世上的價值是為什麼呢？

所以很多人在這個階段會開始投入創作，來儲蓄自己的精神能量……

江：就是會開始自省，如果什麼都沒有留下，彷彿根本沒有來過人世間。我們去看美術館、博物館、在建築物裡生活，這些都是享受他人的創作成果，難道我就只能是純粹享受，而不能有自己的創作留予後人嗎？就是這樣的念頭讓我想要創作。

不只是工作——如何開啟對人生的熱情

江：很多人都知道我有三個主要興趣：繪畫、鐘錶修復、昆蟲攝影。但這些都不是我退休後才開始做的。

我從小就想要學畫，只是年輕時條件不允許；玩攝影一開始是為了記錄孩子成長，後來則是因爬山所衍生出來昆蟲攝影的興趣。至於修復鐘錶，則是工程師魂的我年輕時就在鑽研的手藝，現在透過修理古董鐘錶，更有解謎的樂趣。

但「興趣」對我而言，不是一個輕易就開口說「這是我的興趣」的字眼。我是做管理的，有可「量化」的目標才是玩真的。

我從習畫開始，就立志要畫足一萬個小時（現在已經遠遠超過）、要成為臺灣的大師。拍攝昆蟲，也鎖定要拍攝到一百種昆蟲交配的畫面。修理、收藏鐘錶，是為了未來要開一個鐘錶博物館……這些大概都在我五十歲前後就開始執行了，一直到現在。

李：沒錯。興趣是要「養」出來的。很多人到了退休階段才赫然發現好像什麼興趣都沒有，只好渾渾噩噩。事實上，身為科學人，我也有幾個操作方法。

比如說你總有朋友親人要聚餐吧！聊天的時候，就可以彼此問問最近在做什麼有趣的事情，跟著自己的要好親友一起去嘗試，從親近的人所喜好的興趣去擴展自己的視野，不但增加相聚的時光，也多了交流的話題。

又或者每個禮拜給自己設立一個目標，挑戰一件沒有做過的事情，或是沒有去過的地方。人是慣性的動物，只有在強迫自己去接觸陌生的環境或是體驗，整個人才會因為新鮮感而感受到心跳加快等生理反應，這是一個好的起始點。當你發現有一件事，不論重複幾次去做都會有興奮的感受，一個新的興趣就養成了。

江：很多人沒有自信，會覺得我的興趣那麼微小，有什麼好持續的。但說真的啦，我去拍攝昆蟲，也不是為了破解什麼基因或是輪迴的嚴肅命題，純粹就是愛好而已，但這個過程，卻讓我碰觸到這些課題，也增加了我心境的修練。

比如觀察昆蟲生態的這些年，我一再看到大自然的殘忍，生命的無常。這讓我對於人世間的暗鬥更寬心，你的同事了不起一個月捅你一次而已啊（大笑）。

李：這也是我覺得可以分享的，不要把職場的人際往來看得太重。很多人會因為同事而沮喪，但同事是共同完成一件事情的夥伴，不一定是要長久相處的「朋友」。所以話又說回來了，去幫自己經營有共同興趣、可以持續往來、成長的「朋友圈」，是非常重要的退休練習。

盤點人生的先後次序——如何把時間花在讓你快樂的地方

江：然後又有很多人說，好啦！雖然聽起來練習退休很有道理，但「沒有時間」怎麼辦？這些我早就想好了。

當我決定開始學畫的時候，我做的第一件事情，就是去詳細計算我的時間。我的目標是每周一定要畫足十四個小時，雖然我的高爾夫球打得非常好，而且打高爾夫是工作上非常重要的社交，但我就不再打了，也絕對不看電視。

我甚至把失眠的時間都抓回來，從此以後睡不著對我而言再也不是「失眠」，而是可以多看書充實自己的時間。

李：我也是用同一個辦法。大概從國二開始，我每一年幾乎都會抓兩個禮拜左右，詳細記錄自己怎麼使用時間。

「記錄」這件事情不是為了給自己壓力，而是當你非常明確知道自己上一個時段是為了做什麼事情、花費多少時間，很神奇的是，你對於下一個時段要做什麼、想花多少時間，心裡就會比較篤定了，也會拿捏得比較準。久而久之，時間就會如你所願，花在你想要認真完成的事情裡。

江：很有趣。以前我沒有想過生死，總覺得只要每一天認真活過，盡責完成分內工作，那麼哪一天被老天帶走都沒有關係。但現在投入畫畫後，捨不得死了，我相信只要活得久，我一定有機會成為大師，這種感覺已經出來了……希望將來，我的墓誌銘上可以提「富可量、心不羈」這六個字，財產是可以算出來的，心是不可以被限制的，致敬自由的靈魂。

李：如果是我會想要說，「這個人這輩子因為認真學習，啟發自己，透過分享，啟發別人。」慈悲跟智慧是我這輩子想要獲得的禮物，透過學習來啟發自己，再透過寫文章、演講，分享給別人。反正學到東西就會很開心，分享出去更開心。

焦點 13

退休練習曲

作　　者　江育誠
文字協力　燕珍宜、梁凱翔
行銷經理　胡弘一
行銷主任　彭澤葳
副總編輯　鍾宜君
封面設計　莊謹銘
封面攝影　宇曜攝影
內頁圖片提供　江育誠、宇曜攝影、陳弘岱
內文排版　林曉涵
校　　對　呂佳真

發 行 人　謝金河
社　　長　梁永煌
副總經理　吳幸芳
出 版 者　今周刊出版社股份有限公司
地　　址　10454 台北市南京東路一段 96 號 8 樓
電　　話　886-2-2581-6196
傳　　真　886-2-2531-6438
讀者專線　886-2-2581-6196 轉 1
劃撥帳號　19865054
戶　　名　今周刊出版社股份有限公司
網　　址　http://www.businesstoday.com.tw

總 經 銷　大和書報股份有限公司
製版印刷　緯峰印刷股份有限公司
初版一刷　2020 年 05 月
初版七刷　2021 年 02 月
定　　價　360 元

退休練習曲 / 江育誠著 . -- 初版 . -- 臺北市 : 今周刊 2020.05
304　面 ; 14.8×21　公分 . -- (焦點 ; 13)
ISBN　978-957-9054-59-1(平裝)

1. 退休 2. 生涯規劃

544.83　　109003480

國家圖書館出版品預行編目 (CIP) 資料